AJAHN BRAHM

DER MÖNCH, DER UNS DAS GLÜCK ZEIGTE

AJAHN BRAHM

DER MÖNCH, DER UNS DAS GLÜCK ZEIGTE

EINE BIOGRAFIE IN ERZÄHLUNGEN
VON VUSI REUTER UND SABINE KROISS

mvgverlag

Bibliografische Information der Deutschen Nationalbibliothek
Die Deutsche Nationalbibliothek verzeichnet diese Publikation in der Deutschen Nationalbibliografie. Detaillierte bibliografische Daten sind im Internet über http://dnb.d-nb.de abrufbar.

Für Fragen und Anregungen:
info@mvg-verlag.de

Originalausgabe
1. Auflage 2016

Nymphenburger Straße 86
D-80636 München
Tel.: 089 651285-0
Fax: 089 652096

Redaktion: Julia Jochim
Umschlaggestaltung: Karen Schmidt
Umschlagabbildung: Transia Design/Shutterstock.com, Pogaryts'kyy/Shutterstock.com, Olga Guitere/Shutterstock.com
Satz: Daniel Förster, Belgern
Druck: GGP Media GmbH, Pößneck
Printed in Germany

ISBN Print 978-3-86882-670-8
ISBN E-Book (PDF) 978-3-86415-934-3
ISBN E-Book (EPUB, Mobi) 978-3-86415-935-0

Weitere Informationen zum Verlag finden Sie unter

www.mvg-verlag.de

Inhalt

Glück ist aller Dinge Anfang

»Willst du glücklich sein im Leben, dann sei es!«, schrieb Leo Tolstoi. Glück ist für viele Menschen das beherrschende Lebensthema. Es kommt und geht, nimmt die verschiedensten Formen an und ist selten von Dauer. Seit Tausenden von Jahren versuchen Philosophen, Wissenschaftler, Künstler und Schriftsteller, es zu beschreiben. Es scheint zum Greifen nah und ist doch nicht zu fassen. Viele Menschen in westlichen Gesellschaften befinden sich in einer so komfortablen Ausgangssituation in ihrem Leben, dass man schon fast von einem Glücksdogma sprechen kann. Aber sie sind von der Fülle an Optionen überfordert, unterwerfen ihr Leben einem Perfektions- und Selbstoptimierungswahn und reagieren überrascht, wenn sie irgendwann innehalten und feststellen, dass sie nicht glücklich sind.

Ein Mann beschäftigt sich seit Langem mit dem Thema Glück: der bekannte Buddhismus-Lehrer Ajahn Brahm. In kurzen, prägnanten Geschichten schafft er es, die großen und kleinen Probleme der Menschen klug, lebensnah und humorvoll zu verpacken. Das Motto, unter dem man Ajahn Brahms Lehre zusammenfassen kann: Glück ist eine Lebenskunst, für die wir alle Talent haben. Der Erfolg gibt ihm recht, seine Bücher *Die Kuh, die weinte* und *Der Elefant, der das Glück vergaß* sind Bestseller und stehen in Hunderttausenden von Bücherregalen auf der ganzen Welt. Und doch ist der gebürtige Engländer noch viel mehr: ehemaliger Cambridge-Stipendiat und Physiker, Waldmönch der strengen Theravada-Linie, Gelehrter und eine wichtige Figur im Buddhismus der heutigen Zeit.

ENGLAND

Schwierige Zeiten

Das London der Nachkriegszeit lässt den Menschen nicht viele Möglichkeiten. Das einst so stolze Königreich Großbritannien hat die Folgen des Zweiten Weltkriegs noch nicht überwunden. Die Staatskasse ist leer, dringend benötigtes Kapital für den Wiederaufbau muss mittels Darlehen aus den USA beschafft werden. Auch die Wirtschaft muss sich erholen, den Wandel von Kriegs- zu Friedenszeiten erst mühsam bewerkstelligen. Es herrscht eine Zeit der Austerität. Die Übersee-Territorien nutzen die Gunst der Stunde. Indien wird, angeführt durch Mahatma Gandhi, unabhängig. Damit wird der Dekolonisationsprozess in Gang gebracht, und die Weltmacht Großbritannien ist im Begriff zu zerfallen. Das nationale Selbstbewusstsein liegt am Boden, die britische Bevölkerung ist verunsichert. Viele Menschen leiden unter materiellen Zwängen, ihnen stecken die strengen Lebensmittelrationierungen in den Knochen. Obwohl England als Sieger aus dem Zweiten Weltkrieg hervorgegangen ist, bestehen die Rationierungen noch bis zum Juli 1954 fort, mehr als vier Jahre länger als in Deutschland.

Winston Churchill wird 1951 wieder Premierminister. Das Britische Empire wandelt sich zu dem zeitgemäßeren Commonwealth of Nations. Mit der Krönung Queen Elizabeths II. 1952 wird schließlich ein neues Kapitel in der Geschichte Großbritanniens aufgeschlagen. Im Verlauf der 1950er-Jahre weichen Angst und Unsicherheit allmählich einem leisen Optimismus.

Nach und nach erholt sich auch die Hauptstadt. London war während des Zweiten Weltkriegs Ziel unzähliger Angriffe der deutschen Luftwaffe. Mehr als eine Million Häuser sind beschädigt oder zerstört. Um den Wiederaufbau voranzutreiben und den Wohnungsmangel zu beheben, werden in London massenhaft riesige Wohnblöcke und Sozialbauten hochgezogen.

In einem davon leben die Betts.

Die junge Familie spürt von dem Aufschwung lange Zeit nichts. Bill, die schwangere Hazel und ihr Sohn Tony leben in einer kleinen Wohnung in West-London.

Am 7. August 1951, einem kühlen und nassen Sommertag, kommt dort ihr zweiter Sohn auf die Welt. Das kleine, schreiende Bündel ist zunächst namenlos. Seine Eltern haben sich eigentlich eine Tochter gewünscht, und so dauert es eine Weile, bis sie sich zu einem männlichen Vornamen durchringen können. Tatsächlich schlägt die Hebamme einen Namen vor: Peter. Bei diesem soll es nicht bleiben. Jahre später, im Zuge seiner Ordination zum Mönch, wird er seinen buddhistischen Namen erhalten: Brahmavamso, aus dem Geschlecht Brahmas. Bekannt ist der Junge von damals heute vor allem unter dem Namen Ajahn[1] Brahm.

Doch das liegt alles noch in ferner Zukunft. Weder Bill noch Hazel ahnen zu diesem Zeitpunkt auch nur ansatzweise, was aus ihrem jüngsten Sohn werden wird. Seine Entwicklung ist in der Tat außergewöhnlich: vom Londoner Arbeiterkind zu einem der bekanntesten Buddhismus-Gelehrten des 21. Jahrhunderts, von Tausenden Anhängern weltweit gehört, geachtet und verehrt.

Aber bleiben wir erst einmal bei der Kindheit Peter Betts. Beide Eltern müssen arbeiten, damit das Geld für die kleine Familie reicht. Wie alle Eltern wollen sie das Beste für ihre Kinder. Sie versuchen, die Entbehrungen der Kriegsjahre vergessen zu machen, und tun ihr Möglichstes, um ihren beiden Söhnen einen guten Start ins Leben zu geben. Das klappt oft mehr schlecht als recht.

Der asthmakranke Bill jobbt unregelmäßig, soweit es sein Gesundheitszustand eben zulässt, in einer Tankstelle, Hazel arbeitet als Sekretärin in einem Schreibbüro. Das hart verdiente Geld bleibt ein knappes Gut. Als Hazel einmal die Wohnung lüften will, weht ein unglücklicher Windstoß eine Ein-Pfund-Note ins Kaminfeuer. Bill versucht verzweifelt, den Schein zu retten. Leider vergeblich. Schlimmer noch, er verbrennt sich dabei beide Hände. Ein Britisches Pfund von damals wäre heute etwa fünfundzwanzig Euro wert: sehr viel Geld für die Familie. Zu viel, um es untätig den Flammen zu überlassen.

Die Wohnung der Betts liegt in Acton, einem Arbeiterviertel am westlichen Rand Londons. Hier verbringt Peter seine ersten Lebensjahre. Gemeinsam mit seinem Bruder geht er hier auch zur Schule, in die Derwentwater Elementary School. Das klassische Backsteingebäude in der Shakespeare Road wird von den Kindern der Nachbarschaft auch gerne Dirtywater Elementary School genannt – Schmutzwasser-Grundschule. Ein Bild, das die triste Umgebung, in der die Jungen aufwachsen, anschaulich beschreibt.

Fröhliche Weihnachten

Als kleiner Junge bekommt Peter von seinem Großvater als Weihnachtsgeschenk eine Angelrute. Weihnachten, die besondere Atmosphäre und Geschenke, es gibt kaum Aufregenderes für ein Kind. Leider auch für seinen Vater nicht. Der schnappt sich die Angel und nimmt sie genau in Augenschein. Testet die Biegsamkeit ausführlich und biegt und biegt … und bricht sie entzwei. Große Aufregung, großes Geschrei. Der Großvater ist aufgebracht, der Vater beschämt, der kleine Peter traurig und wütend – fröhliche Weihnachten.

Damals weiß Peter noch nicht, dass dieses väterliche Missgeschick auch seine guten Seiten hat. Es hält ihn davon ab, Fische zu fangen und zu töten, und bewahrt ihn somit vor karmischen Folgen. Von dieser Einsicht wird Ajahn Brahm erst viele Jahre später berichten, nachdem er sich intensiv mit der buddhistischen Karma-Lehre auseinandergesetzt hat.

Karma: Ursache und Wirkung

Der Begriff Karma kommt aus dem Sanskrit und bedeutet wörtlich Wirken oder Tat. Im westlichen Kulturkreis ist Karma mittlerweile ein geläufiges Wort; wir versuchen damit schicksalhafte, mysteriöse Begebenheiten zu erklären. Hat man zum Beispiel Pech, läuft etwas nicht wie erhofft oder geplant, sprechen wir gerne von schlechtem Karma. Etwas steht dann unter einem schlechten Stern. Es wird als eine Art kosmische Bestrafung für unsere Verfehlungen gesehen, wobei der Zusammenhang zwischen unserem Tun und den karmischen Folgen bestenfalls vage bleibt, meistens sogar kaum erkennbar. Insgesamt hat Karma einen negativen Beigeschmack und lässt sich am ehesten in rational nicht so leicht zugänglichen Sphären verorten.

Im Buddhismus bedeutet Karma nur scheinbar Ähnliches. Es hat hier nichts Gottgegebenes oder Schicksalhaftes an sich. Karma wird von Buddhisten als ein Naturgesetz gesehen, vergleichbar etwa mit dem dritten Newton'schen Axiom. Dieses Newton'sche Gesetz, auch Wechselwirkungs- oder Reaktionsprinzip genannt, besagt, dass auf jede Aktion, jede Kraft eine gleich große, aber entgegengerichtete Kraft wirkt. Anders ausgedrückt: In einem geschlossenen System heben sich die wirkenden Kräfte gegenseitig auf, sie streben nach Ausgleich. Im Buddhismus spricht man hier von karmischem Ausgleich. Jedes Handeln setzt Energien frei, die wiederum eine Reaktion, die sogenannte Vipaka, auslösen. Man stelle sich vor, dass man einen Stein in einen See wirft und dieses im Wasser Kreise zieht – das Prinzip von Ursache und Wirkung. So funktioniert auch Karma. Alles, was unserem Willen und Bewusstsein unterliegt, jedes Tun, jeder Gedanke, jedes einzelne Wort hat unweigerlich eine Wirkung.

Karma ist weder Strafe noch Belohnung, sondern lediglich die Folge unserer geistigen und physischen Handlungen. Wir sind dafür verantwortlich und tragen letztendlich auch die Konsequenzen, ob wir wollen oder nicht.

Die Wirkung kann je nach Ursache und Gewicht unmittelbar oder zeitlich versetzt eintreten. Manche Handlungen entfalten ihre Wirkung in diesem Leben, manche erst in einem späteren. Neben positiver und negativer gibt es auch neutrale Energie. Im Buddhismus spricht man in diesem Zusammenhang von karmisch heilsam, unheilsam und unwirksam. Liegen den Taten Motive wie Mitgefühl, Großzügigkeit oder Klugheit zugrunde, spricht man von heilsamem Karma. Erfolgen Handlungen aus Gier, bösem Willen, Egoismus oder auch aus Verblendung oder Unwissenheit, bezeichnet man das Karma als unheilsam. Das eine lindert Leid, das andere erzeugt Leid.

Entscheidend für die karmische Wirkung, die Folgen einer Tat, ist die Absicht, die ihr zugrunde liegt. Geschieht etwas ohne Absicht, sprechen Buddhisten von karmisch wirkungslosem Handeln. Allerdings hat das auch seine Tücken. Denn meistens liegen einem absichtslosen Handeln Unachtsamkeit oder Gleichgültigkeit zugrunde und wirken auf diesem Weg dann doch als negatives Karma. Solange wir denken und handeln, ist Karma – heilsam oder unheilsam – un-

vermeidbar. Taten sollen möglichst wenig neues Leid erzeugen, daher sollte man so gut und mit so positiver Absicht wie möglich handeln.

Folgt man der buddhistischen Lehre, ist das Ziel des menschlichen Lebens, letztendlich in den Zustand von Bodhi, des Erwachtseins, zu gelangen. In diesem Zustand sammelt man kein Karma mehr an und unterbricht damit Samsara, den ewigen Kreislauf aus Leben, Tod und Wiedergeburt. Man erreicht Nirvana.[2] *Das gelingt freilich nur sehr wenigen, unsere primäre Aufgabe ist es daher, gemäß dem Achtfachen Pfad zu leben und so die Ausgangsposition im folgenden Leben zu verbessern.*

Betrachtet man die Geschichte von der zerbrochenen Angel unter karmischen Gesichtspunkten, ergibt sich folgendes Bild: An erster Stelle steht der schenkende Großvater. Wir können davon ausgehen, dass er selbstlos und in bester Absicht handelt: Er will seinem Enkel eine Freude machen. Heilsames Karma also. Andererseits hat dieses Geschenk auch eine zweite Seite. Es verleitet den Jungen dazu, Fische zu fangen und zu töten und so seinerseits unheilsames Karma anzuhäufen. Dies geschieht hier aber nicht willentlich, allenfalls aus Unachtsamkeit oder Unwissenheit und wird zudem durch die Handlung des Vaters verhindert. Die karmisch negative Wirkung ist daher sehr viel geringer zu werten als die heilsame. Der Vater zerbricht die Angel. Auch er macht das nicht absichtlich oder gar böswillig. Aber er ist unachtsam, deswegen entsteht negatives Karma. Dass er dadurch Ajahn Brahm vor späteren Verfehlungen bewahrt, ist karmisch unwirksam, weil er ohne Intention und Bewusstsein handelt.

Schließlich Ajahn Brahm als Junge. Er ist anfangs in der passiven Rolle des Beschenkten. Er wird zudem durch das Wirken des Vaters vor späterem, schlechtem Karma bewahrt. Aber wie reagiert ein kleiner Junge, dem das Weihnachtsgeschenk vor der Nase zerbrochen wird? Er denkt nicht an irgendwelche Spätfolgen oder karmischen Gewinn. Ganz natürlich ist er tieftraurig und wütend auf den Vater – karmisch nicht ganz vorteilhaft.

Der meditierende Lokführer

Der kleine Peter weiß genau, was er später werden möchte: Lokführer. Das ist sein großer Traum. Sein Großvater unternimmt mit ihm und seinem Bruder immer wieder Ausflüge zur Euston Station – für die Jungen Ereignisse, auf die sie richtig hinfiebern. Mitten im Gewimmel des hektischen Bahnhofs stehen sie da und bestaunen ehrfürchtig die beeindruckenden Ungetüme aus Eisen und Stahl. Peter stellt sich vor, wie es wohl sein mag, im Führerhaus einer solchen Lok zu sitzen, vor ihm die endlosen Gleise, hinter ihm die unvorstellbare Kraft der Motoren. Und er, der allein diese tonnenschwere Maschine bewegt. Wunderbar. Für ihn steht fest: Er wird Lokführer, koste es, was es wolle.

In der Derwentwater Elementary School gibt es als Belohnung für gutes Benehmen, vielleicht auch wegen Lehrermangels, gelegentlich einen halben Tag schulfrei. Nachdem die Hausaufgaben gemacht sind, steht der ganze Nachmittag zur freien Verfügung. Ohne eine Sekunde zu zögern, sausen die Kinder auf den nächsten Bolzplatz. Sie treffen sich auf den belebten Straßen des Viertels oder wo auch immer sie ihren Spielen freien Lauf lassen können, mitten im Getümmel. Hauptsache, es passiert etwas.

Und Peter? Manchmal schließt er sich den Spielen seiner Kameraden an. Seine eigenen Vorstellungen von einem perfekten freien Nachmittag sind aber eigentlich andere. Auch er erledigt zuallererst seine Pflichten, macht seine Hausaufgaben. Nach getaner Arbeit belohnt er seinen Fleiß und sein gutes Betragen jedoch nicht, indem er mit seinen Klassenkameraden Fußball spielt und tobt. Ganz im Gegenteil: Er sucht die vollkommene Ruhe und Stille. Seine liebste Beschäftigung ist, absolut nichts zu tun – ungewöhnlich für einen Jungen im Grundschulalter. Vielleicht ist er damals schon ein Naturtalent in der Meditation! Kindern fällt es oft leicht, fast schon spielerisch im Moment zu sein. Es konzentriert und über längere Zeit zu bleiben ist allerdings schon schwieriger. Meistens lassen sich Kinder bereitwillig von ihrer Fantasie und ihren wilden Spielen ablenken, in andere Welten tragen. Anders Peter: Er genießt die Stille, die Leere.

Durch Meditation zu Samadhi

Unter dem Begriff Meditation werden verschiedene Techniken und Methoden der Konzentration und Achtsamkeit gesammelt, die dazu dienen sollen, den Geist zu beruhigen und ein Gefühl der Ruhe und der Einheit zu schaffen. Meditation hat keine religiöse Bedeutung und wird in den unterschiedlichsten Kulturen und in unterschiedlichen Formen ausgeübt. Ein Ziel der Meditation im Buddhismus ist es, den Weg zum Zustand des Samadhi zu ebnen.

Samadhi bedeutet Versenkung und Sammlung. In der buddhistischen Lehre wird es oft auch mit »sanftes oder friedvolles Verweilen« übersetzt. Dieser Zustand soll durch Meditationstechniken in verschiedenen Stufen bis zur Einsicht führen. Auch hinter Samadhi verbirgt sich kein religiöser Begriff, sondern es beschreibt den besonderen

Bewusstseinszustand, in den man durch einen ruhigen, fokussierten Geist gelangt und dann mit klarem, nicht von Ablenkungen oder Emotionen getrübten Blick tiefere Einsicht erreicht.

Vaterliebe

Peter ist ungefähr dreizehn und mitten in der Pubertät, als er einmal mit seinem Vater Bill im Auto durch die Straßen seines Stadtviertels fährt. Sie unterhalten sich über dies und das, ein normales Vater-Sohn-Gespräch. Plötzlich wird sein Vater ernst und sagt: »Egal, was du tust und was du mit deinem Leben anfängst, die Tür zu meinem Haus steht dir immer und jederzeit offen.« Was für ein Versprechen. Die Familie leidet unter materiellen Sorgen, muss jeden Penny zweimal umdrehen, an Zuneigung und emotionaler Sicherheit ist Peters Kindheit aber mehr als reich. Gibt es ein besseres Fundament für ein selbstbewusstes, selbstbestimmtes Leben?

Die Jugend von Vater Bill hat dagegen anders ausgesehen.

Bill wuchs in der Zeit der Großen Depression in Liverpool auf. Sein Vater, Peters Großvater, hatte zwar Arbeit als Klempner, konnte die Familie aber kaum über die Runden bringen. Seine Abende verbrachte er gerne im Pub. Ein Leben, wie es in dieser Zeit Tausende führten. Kam er nach Hause, war er oft betrunken und unberechenbar. Seine Wut ließ er dann wahllos an den Kindern und seiner Frau aus. Grundlose Prügelstrafen waren keine Seltenheit. Seinen eigenen Kindern erzählte Bill erst sehr spät davon, genauso wie von seinem Entschluss, den er schon als Teenager gefasst hatte: Er wollte nicht so werden, seine Familie niemals so behandeln.

Gewaltlosigkeit

Gewaltlosigkeit ist einer der wichtigsten buddhistischen Grundsätze. Gewalt als Mittel, um die eigenen Interessen durchzusetzen, ist in Kulturen, die sich strikt an die Lehren Buddhas halten, keine Option. Man geht davon aus, dass Gewalt keine Probleme löst, sondern nur neue schafft. Erfahrungen von Schmerz und Gewalt sind traumatisch für jeden Menschen, und genau aus dieser Erfahrung heraus gilt es, dies anderen Menschen so weit wie möglich zu ersparen. Den im abendländischen Kulturkreis häufig gestellten Fragen »Warum ich? Warum passiert das mir?« begegnet man im Buddhismus nur selten. Es gibt keine Gründe für Selbstmitleid, denn jedem Problem, jedem Umstand, der uns dazu verleiten könnte, uns selbst zu bedauern, wird eine Bedeutung zugesprochen und bekommt damit einen Sinn. Ursache und Wirkung: Dem Einzelnen fällt es dadurch viel leichter, selbst sehr schwer zu bewältigende Probleme anzugehen. Das ist kein einfacher, kein bequemer Gedankengang für den westlich geprägten Menschen. Der Buddhismus weist den Weg aus der Opferrolle in die Eigenverantwortung. Das Prinzip der Gewaltlosigkeit wird auf alles Lebendige angewendet, auf Menschen genauso wie auf Tiere. Im Buddhismus sind Gut und Böse keine grundlegenden Kategorien, in die man Handlungen und Absichten einteilen könnte. Schädliches Verhalten wird hier eher der Dummheit oder Unwissenheit als der Böswilligkeit zugeordnet.

Sein Vater sei für ihn einer der sanftmütigsten Menschen gewesen, sagt Ajahn Brahm heute. Schon als Kind hatte er Gewalt gehasst. Brahm benennt die Gewaltlosigkeit des Buddhismus als einen der Hauptbeweggründe dafür, dass er diese Religion für sich entdeckt habe. Die Gewalt, die Peters Vater am eigenen Leib erfuhr, ließ ihn zu einem sehr friedfertigen Menschen werden. Das Versprechen, das er seinem Sohn gegeben hat, ist Ausdruck tiefer, bedingungsloser Liebe. Einer Liebe, wie man sie zwischen Eltern und Kindern erhofft und erwartet, die aber selten so deutlich ausgesprochen wird. Dieses Gefühl nimmt Peter mit auf seinen Weg. Ein gutes Fundament für ein erfülltes Leben Diese bedingungslose Liebe an andere weiterzugeben wird eine von Ajahn Brahms Maximen.

Ein Stipendium!

Peter ist ein guter Schüler, aufgeweckt und fleißig. Mit großer Neugier arbeitet er sich in neue Themen ein, bis er sie verstanden hat. Nach der Grundschule bekommt er sogar ein Stipendium für die Latymer Upper School, eine der besten Schulen West-Londons. Eine große Chance, denn die hohen Schulgebühren wären für seine Eltern unerschwinglich. Die Struktur des britischen Bildungssystems begünstigt eher Schüler, deren Familien genug zahlen können oder die ohnehin im Einzugsgebiet einer bestimmten Schule wohnen.

Eine großartige Möglichkeit also, die Eltern sind unglaublich stolz. Peter versteht noch nicht, was für ein Privileg es ist, diese weiterführende Schule besuchen zu können. Er lernt leicht und schnell und ist mit voller Konzentration bei der Sache. Diese Eigenschaft ist charakteristisch für ihn und soll ihm sein Leben lang erhalten bleiben: Was er auch tut, er ist voll und ganz bei der Sache, konzentriert, diszipliniert und entschlossen, das Beste zu geben, um an sein Ziel zu gelangen.

Seine Sicht vom Unterschied zwischen halbherzigem Einsatz und wirklichem Engagement schildert Ajahn Brahm am Beispiel eines Tellers Rührei mit Schinken: Das Huhn, welches das Ei gelegt hat, ist lediglich beteiligt, das Schwein »mit Leib und Seele dabei«. Ein sehr simples Beispiel, doch es trifft den Kern der Sache. Welche Entscheidung man trifft, was man tut, ist letzten Endes unwichtig – niemand weiß, was die Zukunft bringt. Es gibt nur den Moment. Entscheidend ist einzig und allein, dass man sein Bestes gibt.

Ganz ähnlich äußerte sich der Tennisspieler Novak Djokovic. Nachdem er im Januar 2016 die Australian Open in überragender Manier gewonnen hatte, versuchte er, in einem Interview zu erklären, wie er zu dem Spieler werden konnte, der die ATP World Tour auf so beeindruckende Art und Weise dominierte. Er sagte, es dürfe keinen Unterschied zwischen dem Menschen und dem Sportler geben, alle Energie, alles Denken müsse dem Ziel unterworfen werden, als Sportler und Mensch sein Bestes zu geben. So resümierte er seine derzeitige Lebensanschauung. Und er kommt damit der Idealvorstellung eines buddhistischen Lebenskonzepts sehr nahe.

Obwohl Peter ein guter Schüler bleibt, empfindet er die Prüfungen in der Schule als eine lästige Pflicht. Seine Mutter versucht ihn zu motivieren und erklärt ihm, wie wichtig es ist, die nächste Prüfung zu schaffen. Und die nächste. Und die nächste. Er spürt den steigenden Druck und fügt sich seinem Schicksal, um die Erwartungen der Eltern zu erfüllen und die Chancen, von denen sie immer sprechen, zu nutzen. Wirklich verstehen kann er es nicht, Peter befindet sich in seiner Sturm-und-Drang-Phase, vom Erwachsenenleben ist er noch so weit entfernt. Er ist sogar eher skeptisch, ob das, was seine Mutter ihm predigt, das Hinarbeiten auf die Zukunft, richtig ist. Lässt sich das echte Leben, lässt sich Glücklichsein auf später verschieben? Was ist mit dem, was jetzt gerade stattfindet? Was ist mit dem Moment? Fragen, mit denen er sich später sehr viel gründlicher beschäftigen wird, als er jetzt ahnen kann.

Auch wenn Peter in dieser Zeit noch die tiefere Einsicht fehlt, vertraut er den Worten seiner Eltern. Schule ist Pflicht. Ob er zur Schule geht oder nicht, steht nicht zur Debatte. Wenn er diese Pflicht also schon erfüllen muss, dann wenigstens richtig. Und die Belohnung lässt nicht lange auf sich warten. Mit sechzehn Jahren gewinnt Peter für seine herausragenden Leistungen in der Schule einen Preis, einen kleinen Geldbetrag. Zum ersten Mal hat er eigenes Geld zur freien Verfügung. Aber wie soll er es anlegen? In einer Reise oder in Kinobesuchen? In Konzerten oder anderen kurzfristigen Vergnügungen? Was tun mit dem Scheck?

Peter geht in seine Lieblingsbuchhandlung und kauft einen Stapel Bücher. Was liest man gewöhnlich mit sechzehn Jahren, am Ende der Pubertät? Comics oder Abenteuerromane. Oder Bücher, die einem auf unterhaltsame Weise die hormonbedingt aus den Fugen geratene Welt erklären. Viele junge Menschen lesen damals begeistert J. D. Salingers *Der Fänger im Roggen.* 1967 sind Susan Hintons *Die Outsider* und *Hundert Jahre Einsamkeit* von Gabriel García Márquez erschienen. Auch der letzte James-Bond-Band von Ian Fleming, *Octopussy und andere riskante Geschäfte*, wurde erst kürzlich veröffentlicht.

Das sind jedoch nicht Peters Interessen, er legt sein Geld schließlich in Büchern über die verschiedenen Weltreligionen an. Darunter befindet sich auch Christmas Humphreys' *Buddhism* von 1949, ein Grundlagenbuch, das Geschichte, Entwicklung und die verschiedenen Richtungen des Buddhismus behandelt. Wie für viele Teenager auf der Suche nach ihrem Platz im Leben, auf der Entdeckungsreise zu sich selbst sind für Peter philosophische und religiöse Themen spannend. Aber anders als bei den meisten seiner Altersgenossen bleibt Peters Begeisterung dafür lebendig. Tiefer und tiefer taucht er in diese Welt ein. Er betreibt etwas »Marktforschung«, um zu sehen, was im Angebot ist, wie er später mit weit über sechzig Jahren erzählt. Er bemerkt, dass Religion für viele Menschen ein bedeutsamer Bestandteil ihres Lebens ist, und er erkennt, was für ihn noch wichtiger ist, dass er die Freiheit hat, die Religion auszuwählen, die am besten zu ihm passt. Er liest in der Bibel, im Koran und in den Sutten Buddhas. Und hier, in diesen vor vielen Jahrhunderten in Tausenden von Kilometern Entfernung verfassten Texten erkennt Peter sich selbst. Sie stammen aus einer gänzlich anderen Welt und beschreiben doch die seine. Er staunt, wie nahe ihm die buddhistische Lehre und ihre Praxis sind, wie sehr sie seinem Wesen entsprechen. Eine Offenbarung. Der Buddhismus wird ab sofort seine Religion. Er entdeckt, dass es im Buddhismus keinen allmächtigen Schöpfergott gibt, keine Sünden und Beichten oder Bestrafungen. Die Verantwortung liegt einzig und allein bei jedem Einzelnen. Peter bezeichnet das als »Do it yourself«-Religion. Er ist erst sechzehn Jahre alt, als er sagt: Ich bin Buddhist.

Siddhartha Gautama – Buddha

Im Jahr 563 vor Christus wird im heutigen Lumbini in Nepal in einer Vollmondnacht Siddhartha Gautama geboren. Sein Vater ist der regierende Fürst von Kapilavastu. Seine Mutter stirbt kurz nach der

Entbindung. Schon sehr früh prophezeit ein Seher diesem Jungen eine bedeutende Zukunft: Aus ihm werde ein großer heiliger Mann werden. Oder ein König. Der Fürst, der nach der Vorhersehung seinen Sohn zum König machen will, versucht, ihn frei von jeglichen religiösen Vorstellungen großzuziehen. Auch mit Leid und Elend soll sein Sohn nicht belastet werden. Und so nimmt das Leben des jungen Prinzen seinen Lauf. Er wird mit sechzehn verheiratet und lebt am väterlichen Hof ein sorgenfreies Leben im Überfluss. Mit neunundzwanzig Jahren, kurz nach der Geburt seines einzigen Sohnes, wird Siddhartha Gautama dennoch schwermütig. Er ist unzufrieden mit seinem Leben ohne richtige Aufgaben. Und so verlässt er den Palast und beginnt, die Welt zu erkunden. Auf seinen Wanderungen wird er erstmals mit der Realität konfrontiert, mit der Vergänglichkeit, der einzigen Konstante des menschlichen Lebens, mit Altern und Sterben, Krankheit und Schmerz. All sein Besitz und Reichtum, seine privilegierte Stellung können das Leid nicht verhindern. Er verlässt Haus und Familie endgültig. Auf der Suche nach Erlösung erlernt er bei brahmanischen Weisen die yogischen Übungen und die Kunst der Meditation, führt ein Leben in strengster Askese. Allein, er kommt seinem Ziel nicht näher. Im Gegenteil, kraftlos und halb verhungert löst er sich von seinen Lehrern und deren Vorstellungen und versucht, seinen eigenen Weg zu finden. Als mittelloser Wanderer führt er ein einfaches Leben, frei von jeglichem Ballast. Er wandert und meditiert. Er gibt die Askese, die ihn fast umgebracht hätte, auf und versucht von nun an, alles Extreme zu vermeiden. Siddhartha Gautama nennt es den »mittleren Weg«. Mit fünfunddreißig Jahren sitzt er, wieder bei Vollmond, unter einer Pappelfeige am Fluss und meditiert. Nach langer, tiefer Meditation spürt er, wie alles von ihm abfällt: Begierde, Hass und Unwissenheit sind wie weggeblasen. Er hat seine Antworten gefunden. Er ist erwacht, er ist Buddha.

Von nun an hält er allen, die sie hören wollen, seine Vorträge. Er erklärt, wie man mit dem mittleren Weg, den vier Edlen Wahrheiten und hier insbesondere mit der vierten, dem Achtfachen Pfad zum Buddha, zum Erwachten werden kann. Geschlecht und Herkunft oder sozialer Status gemäß dem indischen Kastenwesen haben für ihn keine Bedeutung. Er hält seine Reden vor Frauen und Männern, vor reichen Geschäftsleuten und Bettlern, vor Kaisern und Königen, Ausgestoßenen und Priestern. Fünfundvierzig Jahre lang zieht er mit einer ständig wachsenden Gemeinschaft, dem Sangha, durch die Lande. Mit achtzig Jahren vergiftet er sich an einem verdorbenen Gericht und stirbt. Als Erwachter geht er endgültig ins Nirvana ein. Das Leiden hat ein Ende. Endgültig.

Ein Abschied – und ein Neubeginn

Eines Abends kommt Peters Mutter aufgelöst in sein Zimmer, sie kann ihren Mann einfach nicht wecken und holt ihren Sohn zu Hilfe. Sie weiß nicht, was sie tun soll. Zutiefst erschrocken läuft er ins Elternschlafzimmer, sein Herz rast. Peter schüttelt seinen Vater, der ruhig auf dem Bett liegt. Er versucht verzweifelt, ihn zu wecken. Er will nicht glauben, dass es schon zu spät ist. Sein Vater ist tot, plötzlich und unerwartet gestorben. Peter ist damals sechzehn Jahre alt.

Die folgenden Tage vergehen wie hinter einem Schleier, die ganze Familie steht unter Schock und will nicht wahrhaben, was geschehen ist. Bills Tod reißt eine riesige Lücke, der Verlust wiegt schwer. Mit ihm scheint auch Peters Beziehung zu seinem Vater tot zu sein. Keine gute Zeit, bis Peter sich an die Lehren aus seinem Buddhismus-Buch erinnert.

Trauer und Kummer

In den westlichen Kulturen sind Trauer und Kummer emotionale Attribute, die einen Verlust begleiten. Im buddhistischen Sinne haben sie aber nichts mit dem Verlust an sich zu tun – wir haben dieses Verhalten erlernt. Manche Kulturen kennen keine Trauer. Sie ist also nicht von vornherein im menschlichen Wesen verankert.

Der buddhistische Umgang mit dem Tod wirkt in christlichen Kulturen auf den ersten Blick herzlos und kalt. Lässt man die gewohnten Vorstellungen von Leben und Tod jedoch außer Acht und wagt einen Blick auf das buddhistische Glaubensmodell, ergibt sich ein anderes Bild. Im Buddhismus gibt es eine Wiedergeburt. Es gilt hier als unabänderliche Tatsache, dass man, solange man nicht den höheren Zustand eines Erwachten erreicht, unweigerlich wiedergeboren wird. Und wieder. Und wieder. Dem Tod fehlt unter diesem Gesichtspunkt das tragische Element. Er ist vielmehr ein neuer Anfang und führt dem Menschen das Wesen des Lebens vor Augen. Er bekommt so einen Sinn und ist wie die Geburt unabdingbarer Teil jedes Lebens. Der Fokus wird weniger auf den Verlust als auf Dankbarkeit für die gemeinsame Zeit gelegt. Was bleibt, sind die geteilten Erinnerungen.

Ajahn Brahm vergleicht das Leben mit den Konzertbesuchen, die er in seiner Jugend geliebt hat: Man weiß, dass das Konzert irgendwann vorbei sein wird. Man wünscht sich Zugabe um Zugabe, und wenn es am schönsten ist, ist es plötzlich vorbei. Loslassen ist ein schwieriger Prozess.

Das lernt auch der sechzehnjährige Peter Betts. Als er mit seiner Mutter und seinem Bruder nach dem Gottesdienst das Krematorium in Mortlake verlässt und in einen nieseligen Londoner

Nachmittag hinausgeht, trauert er nicht mehr. Er spürt keinen Kummer darüber, dass ihm etwas genommen wurde. Vielmehr empfindet er Dankbarkeit für das Leben seines Vaters, die gemeinsame Zeit und für die Inspiration, die er ihm auf seinen eigenen Weg mitgegeben hat.

Wiedergeburt

Wiedergeburt oder Reinkarnation sind in vielen Religionen geläufige Begriffe. Darunter wird oft eine Form der Seelenwanderung verstanden. Nicht so im Buddhismus. Buddhisten verneinen die Existenz einer Seele (siehe auch Anatta), was eine Seelenwanderung unmöglich macht. Das Pali-Wort Punabbhava bedeutet wörtlich: wieder werden, erneutes Entstehen. Dabei wird weder eine Seele noch eine Persönlichkeit, ein Ich oder auch nur ein psychischer Zustand wiedergeboren. Im Pali-Kanon, den ältesten Überlieferungen Buddhas, wird versucht, Punabbhava mit einem Gleichnis zu erklären: Eine Öllampe brennt die ganze Nacht hindurch. Ist ihre Flamme die ganze Zeit, von der ersten bis zur dritten Nachtwache, dieselbe? Diese Frage wird verneint. Dann müssen es verschiedene Flammen sein, die in den jeweiligen Nachtwachen brennen? Auch diese Frage wird verneint, denn die durch das gleiche Öl in derselben Lampe gespeiste Flamme brennt die ganze Nacht hindurch.

Genauso verhält es sich mit Menschen oder allgemein mit Lebewesen. Auf den Tod folgt erneute Geburt, geht eine Existenz in die nächste über, genauso, wie sich innerhalb eines Lebens ein Bewusstseinsstrom aus einzelnen, sich bedingenden Bewusstseinsmomenten bildet. Der Bewusstseinsstrom ist auch das Bindeglied zwischen den einzelnen Existenzen.

Eine anderer, gängiger Erklärungsversuch: Zündet man an einer fast abgebrannten Kerze eine neue an, erlischt die eine Kerze, und die Flamme der neuen leuchtet auf. Ist dann dieselbe Flamme von einer Kerze zur anderen gewandert? Nein, denn weder eine Seele noch irgendetwas Greifbares wurden übertragen, und dennoch gibt es einen kausalen Zusammenhang. Ähnlich muss man sich Wiedergeburt, das erneute Entstehen, vorstellen.

Das Leben geht weiter. Im Jahr nach dem Tod seines Vaters macht Peter Abitur. Seine Noten sind immer noch tadellos. Er ist sogar Klassenbester, und alle Türen stehen ihm offen. Wenn nur das liebe Geld nicht wäre. Ein Studium ist teuer, an einer renommierten Universität kaum bezahlbar. Und die finanziellen Verhältnisse der Familie haben sich durch den Tod des Vaters nicht gebessert. Dennoch bewirbt Peter sich entschlossen bei verschiedenen Universitäten. Und er muss nicht lange warten. Schon bald erhält er Post vom Emmanuel College: Er ist aufgenommen! In Cambridge! Und das auch noch mit einem Vollstipendium. Das ist ein Riesensprung, fast wie im Märchen. Ein Junge aus der Arbeiterklasse bekommt ein Stipendium an einer der berühmtesten Universitäten der Welt; keine Hochschule hat mehr Nobelpreisträger hervorgebracht. Das Motto der Universität Cambridge lautet: Hinc lucem et pocula sacra – Hier erlangen wir Erleuchtung und heiliges Wissen. Wie wahr in Peter Betts besonderem Fall, und doch so ganz anders als eigentlich gemeint. Er schreibt sich für das Studium der Theoretischen Physik ein, die Vorfreude ist groß.

Auch Peters Bruder Tony studiert und wird später ähnlich erfolgreich wie Ajahn Brahm in Australien. Allerdings schlägt er einen völlig anderen Weg ein: Er wird Banker. Ajahn Brahm hat bis heute ein sehr gutes Verhältnis zu seinem älteren Bruder, auch wenn sie sich aufgrund der Entfernung nur selten sehen können. Australien und England sind zwar durch eine gemeinsame Vergangenheit verbunden, fünfzehntausend Kilometer lassen sich aber beim besten Willen nicht für ein gemeinsames Wochenende überwinden. Doch für Ajahn Brahm kommt es nicht auf die Unterschiede in den Lebensmodellen an: Für ihn zählt mehr, was in menschlicher Hinsicht zwischen ihm und seinem Bruder stattfindet.

In Sandalen auf Newtons Spuren

Ende der 1960er-Jahre verändert sich die Welt rasant. Als Peter Betts in Cambridge studiert – im selben Gebäude wie Stephen Hawking –, rebellieren in Westeuropa Studenten und Arbeiter gegen die bestehenden Verhältnisse. In Teilen der UdSSR regt sich vorsichtiger Widerstand, der Wunsch nach Öffnung wird hinter dem Eisernen Vorhang lauter. 1968 überschlagen sich dann die Ereignisse. Der Prager Frühling wird niedergeschlagen. Der Protest gegen den Vietnamkrieg treibt in Europa und den USA Hunderttausende auf die Straße. Die Demonstrationen schlagen oft in Gewalt um. Die Attentate auf Robert Kennedy und Martin Luther King erschüttern die Welt.

Eine Gegenbewegung formiert sich: Die Zeit der Hippies beginnt. Auf der ganzen Welt hinterfragt die junge Generation Normen und Werte, sie übt Kritik an politischen wie gesellschaftlichen Systemen. Für Familie, Beziehungen und Beruf werden alternative Modelle gesucht, ausprobiert und gelebt. Das Ganze wird von der Musik der Beatles und der Rolling Stones begleitet, die von Großbritannien aus ihren Erfolgszug durch die Welt antreten. Eine neue Ära beginnt. Das Interesse des Westens an fernöstlichen Kulturen und ihrer Spiritualität wächst. Man erforscht das menschliche Bewusstsein und experimentiert, nicht zuletzt mit Drogen, um ihm auf den Grund zu kommen, es zu beeinflussen und zu erweitern.

So beginnen zum Beispiel die Beatles Mitte der 1960er-Jahre zu meditieren, nachdem sie dem indischen Guru Maharishi Mahesh Yogi, dem Begründer der Transzendentalen Meditation, begegnet und ihm auf ein Retreat nach Wales gefolgt sind – erstaunlicherweise zusammen mit Mick Jagger, dem Sänger und Frontmann ihrer großen Konkurrenten, der Rolling Stones. Deren Gitarrist Keith Richards beurteilt diese Zusammenkunft auf für ihn typische Weise: »Ich bin ziemlich stolz, dass ich nie so blöd war und dem Maharishi seine verdammten Füße geküsst habe«[3], kanzelt er den gemeinsamen Ausflug von Mick Jagger und den Beatles ab. Die vorherrschende Meinung der meisten Leute in dieser Zeit ist aber eine andere. Indien steht weit oben im Interesse. Die Beatles etwa reisen auf dem Höhepunkt ihrer Karriere 1968 nach Rishikesh und verbringen dort einige Wochen in einem Meditationsseminar bei Maharishi. Am Fuße des Himalaya entstehen weite Teile des sogenannten *The White Album*. John Lennon sagt über Meditation, sie habe ihn zu einem besseren Menschen gemacht: »Und ich war vorher auch nicht so schlecht.«[4] Derartige prominente Beispiele tragen das Interesse an Spiritualität weiter in die Gesellschaft. Durch den Zeitgeist der Hippie-Ära fallen sie auf fruchtbaren Boden.

Peter Betts erlebt diese Zeit intensiv mit. Er führt ein typisches Studentenleben mit allem, was Ende der 1960er-Jahre dazugehört (und was man spätestens Ende der 1970er-Jahre bedauerte, wie Ajahn Brahm sagt). Das Geld ist knapp, umso größer dafür Neugier und Lebenshunger. Er trägt Vollbart, lange Haare und bunte Samthosen. Er liebt Musik, spielt selbst Gitarre und geht für sein Leben gern in Konzerte. Londons Musikszene pulsiert. Legendäre Bands wie Jefferson Airplane, Jimi Hendrix und The Doors erlebt Peter live. Sogar beim ersten Led Zeppelin-Konzert ist er dabei. Diese Erlebnisse sind für ihn eine Erweckung. Wenn die Konzerthalle im Rhythmus der Musik bebt und die Masse der Zuhörer um ihn herum wogt, ist er in seinem Element. Er vergisst buchstäblich Raum und Zeit.

Freunde fürs Leben

So sehr sich die Welt um ihn herum bewegt und verändert, Peters Interesse an spirituellen Dingen bleibt. Als Teenager fühlt er sich in dieser Hinsicht isoliert, weil er mit kaum jemandem darüber sprechen kann. Er glaubt, mit dem typischen Ernst und dem egozentrischen Weltbild eines Heranwachsenden, der einzige Buddhist in England, vielleicht sogar der einzige in Europa zu sein. Umso größer ist die Freude, als er in Cambridge eine Art buddhistischen Club entdeckt. Endlich findet er Gleichgesinnte. Auf einer Veranstaltung der Buddhistischen Gesellschaft der Universität Cambridge informiert er sich über eine mögliche Mitgliedschaft und möchte sofort beitreten. Der Kommilitone, der ihn berät, ist ein wenig skeptisch ob dieses schnellen Entschlusses. Er solle doch erst mal eine der Dhamma-Reden besuchen und dann entscheiden, ob der Buddhismus wirklich zu ihm passe, rät er dem Neuling. Peter lehnt das ab, er ist sich schon lange sicher und wird gleich festes Mitglied. Der Student am Informationsstand heißt Bernard Carr und studiert ebenfalls in Cambridge. Er und Peter werden enge Freunde – und sind es auch heute noch, seit über fünfundvierzig Jahren. 2015 spricht Bernard Carr, mittlerweile Professor für Mathematik und Astronomie an der Queen Mary University in London, auf der Global Conference on Buddhism im australischen Perth, zu der ihn Ajahn Brahm eingeladen hat. Er redet scherzhaft von sich als dem Mann, der Ajahn Brahm fast davon abgehalten hätte, Buddhist zu werden … Aber wie so oft sei Ajahn Brahm glücklicherweise bei seinem Entschluss geblieben.

Bernard und ein weiterer gemeinsamer Freund, Geoff Perry, testen Peters Entschlusskraft bald aufs Neue. Er fastet. Zehn Tage lang nimmt er nur Reis und Wasser zu sich. Um ihn ein bisschen zu ärgern, lädt ihn Geoff zu sich nach Hause ein. Es gibt Tee und mit Butter bestrichene Crumpets, ein in England beliebtes Hefegebäck. Ob Peter wohl standhaft bleiben und sein Fasten beibehalten wird? Die Verlockung ist groß. Und der Hunger von Studenten ja sprichwörtlich. Mit knurrendem Magen hält Peter durch.

Immer wieder legt er Fastenwochen ein. Er geht sogar noch weiter. Um seine Willensstärke zu testen, fährt er in diesen Wochen täglich an seinem geliebten Fish-and-Chips-Stand vorbei – eine harte Prüfung, besonders bei seiner Vorliebe für fettiges Essen. Unvergessen sind die Besuche bei seinen Großeltern mütterlicherseits: Wenn er als Kind bei ihnen war, machte seine Großmutter Pommes frites für ihn. Ein besonderer Genuss. Wie jedes Kind verschlang Peter sie mit Begeisterung – diese Vorliebe hat er auch als Erwachsener nicht verloren. Aber er bleibt standhaft.

Bernard, Geoff und Peter verbringen viel Zeit zusammen. Ihr gemeinsames Studium und vielleicht noch wichtiger, ihre gemeinsamen Erfahrungen bei der Erkundung der Lehre Buddhas, des Dhamma, schweißen sie fest zusammen. Tatsächlich bleiben sie Freunde fürs Leben.

Dhamma

Dhamma (Pali) oder Dharma (Sanskrit) bedeutet in seiner wörtlichen Übersetzung u. a. Brauch, Wahrheit oder Gesetz. Die Lehre Buddhas wird Dhamma genannt und ist in den vier Edlen Wahrheiten zusammengefasst.

Sie diskutieren viel, sprechen abendelang über alle möglichen Philosophien, trinken dazu Kaffee und Bier. Sie erkennen, nicht zuletzt durch eigene Erfahrungen, dass es in der menschlichen Natur liegt, unzufrieden zu sein – mal mehr, mal weniger. Diese Form der Frustration, die der Buddhismus Dukkha nennt, ist völlig normal, etwa aufgrund von Krankheit, Verlusten oder Beziehungsproblemen, aber auch wegen der vielen kleinen Dinge, die tagtäglich nicht so laufen, wie man es sich vorstellt. Das Besondere am Buddhismus als Religion ist, dass Buddha keine Erlösung davon verspricht. Er war ein Mensch, kein Gott – und solange wir Menschen leben, leiden wir. Was er uns aber zeigt, ist der Weg, auf dem er die Freiheit fand, weil er die Ursache des Leidens verstanden hatte. Diese Erkenntnis hat er in den vier Edlen Wahrheiten zusammengefasst.

Des Buddhas Kern oder die vier Edlen Wahrheiten

Erste Wahrheit: Alles Leben heißt Leiden (Dukkha – Leid, Unbefriedigtsein): Jedes Lebewesen kennt Gefühle wie Angst, Traurigkeit, Sehnsucht.

Zweite Wahrheit: Die Ursache davon sind Verlangen und Gier. Gier hält Samsara, den Kreislauf aus Tod und Wiedergeburt, in Gang.
Dritte Wahrheit: Alles Dasein ist Leiden, Gier ist die Ursache von Leiden. Schafft man es, die Ursache von Leiden zu erkennen und Gier und Verlangen zu überwinden, dann überwindet man alles Leiden, auch Geburt, Alter, Tod und Krankheit.
Vierte Wahrheit: Der Achtfache Pfad zeigt, wie man das Leiden überwinden kann.

Eine pessimistische Weltsicht? Vielleicht. Aber Buddhas Weg ist auch ein überaus praktischer, bietet er doch ganz konkrete Lösungen an. Um den Geist zu klären, der immer eine Befriedigung von Gier in allen möglichen Varianten sucht, soll man mitfühlend, großzügig und moralisch integer leben. Meditation ist eines der wichtigsten Werkzeuge dazu, ebenso der Achtfache Pfad.

Der Achtfache Pfad

Der Weg, um frei von Leid zu werden, umfasst acht Anweisungen, wie man sein Leben führen soll. Das, was jetzt ist, sieht Buddha als Ergebnis früherer Handlungen an – Karma. Es gilt, die Voraussetzungen für die Zukunft zu schaffen. Dabei hilft der Achtfache Pfad. Er umfasst:

1. *Rechte Ansicht: die Erkenntnis über Leiden, Leidentstehung und von dessen Erlösung*
2. *Rechtes Denken: hasslose, friedfertige Gesinnung*
3. *Rechte Rede: Vermeidung von Geschwätz, Lüge, übler Nachrede*

4. *Rechtes Handeln: Vermeidung von Töten, Stehlen und sinnlichen Ausschweifungen (s. Silas)*
5. *Rechter Lebenserwerb: Vermeidung der Ausübung eines Berufs, der anderen Lebewesen schadet*
6. *Rechte Anstrengung: ständiges Bemühen, ein redlicher Mensch zu sein*
7. *Rechte Achtsamkeit: ständige Achtsamkeit auf Körper und Geist*
8. *Rechte Sammlung: Versuch, den Geist zu kontrollieren, im Wesentlichen mittels Meditation*

Im Achtfachen Pfad sind alle Aspekte des menschlichen Lebens abgebildet, und er liefert konkrete Anweisungen, mit dem Ziel, die Freiheit von Leid zu erreichen. Alle acht Methoden sollte man gleichzeitig anwenden.

Heutzutage würde man den Achtfachen Pfad wohl »Anleitung zum Glücklichsein« nennen. Seit 2500 Jahren wird er erprobt und für gut befunden. Allerdings verlangt er auch einiges an Anstrengung und Arbeit.

So viel die Freunde auch reden und diskutieren, wirklich befriedigend findet Peter Betts das alles nicht. Oft frustrieren ihn die langen, ziellosen Gespräche. Was er dagegen nie vergessen wird, ist seine erste bewusste Meditationserfahrung. Er weiß sogar noch genau, wo sie stattfand, im Wordsworth Room des Kings College in Cambridge. Mit seinen Freunden setzt er sich auf den Boden, und sie meditieren für fünf oder zehn Minuten. Keiner von ihnen hat eine Ahnung, was sie da eigentlich tun, aber trotzdem spürt Peter nach diesen paar Minuten ein angenehmes Gefühl, an das er sich bis heute erinnert. Es war, als ob in seinem Inneren etwas vibrierte als Antwort auf das stille Sitzen, so erzählt er davon. Er fand das so spannend und verlockend, dass er weiter experimentierte. Zuerst noch unregelmäßig, circa einmal pro Woche, und viele Gläser Bier davon entfernt, auch nur zu ahnen, dass er eines Tages als Waldmönch in Thailand leben würde.

Von Mönchen und Menschen

Einer der ersten Meditationslehrer der Freunde ist der Abt des damals neu gegründeten buddhistischen Tempels in London, Wat Buddhapadipa. Regelmäßig kommt der Abt nach Cambridge, wo Peter seine Dhamma-Reden und Meditationsseminare besucht. Er ist begeistert vom Wissen und der Erfahrung des Abts. Von einem Tag auf den anderen taucht dieser aber nicht mehr auf. Der Grund: Er hat sich in eine Engländerin verliebt und seine Robe abgelegt. Peter ist zuerst entsetzt und enttäuscht und, nachdem sich seine Aufregung gelegt hat, etwas verwundert. Aber er lernt daraus, dass Mönch zu werden nicht zwangsläufig eine Entscheidung fürs Leben sein muss.

Bhikkhus und Anagarikas

Gerade in der buddhistischen Theravada-Tradition, die vor allem in Sri Lanka und in den südostasiatischen Ländern Thailand, Myanmar und Laos verbreitet ist, ist eine temporäre Ordination üblich. Oft markiert der zeitweise Aufenthalt im Kloster wichtige Stationen oder neue Lebensabschnitte. Manche buddhistischen Mönche oder Bhikkhus, wie sie in Thailand genannt werden, wechseln im Lauf ihres Lebens sogar mehrfach zwischen monastischem und weltlichem Da-

sein hin und her. Bis zu dreimal ist das möglich. Fast jeder männliche Thai tritt einmal im Lauf seines Lebens in einen Orden ein, Frauen wesentlich seltener.

In Thailand und Myanmar werden oft schon Kinder eine Zeit lang als Novizen in die Obhut der Mönche gegeben. Das ist zum Vorteil aller Beteiligten. Die Klöster profitieren von potenziellem Nachwuchs, und die Familien werden entlastet. Ihre Kinder werden in den Klöstern versorgt und erhalten Schulunterricht. So wundert es nicht, dass fast ein Drittel der Jugendlichen zwischen zwölf und zwanzig Jahren eine gewisse Zeit im Kloster lebt. Als Erwachsener kann ein Mann ein paar Monate probeweise als Mönch im Kloster verbringen. So hat er die Möglichkeit, sich bewusst für oder gegen ein Leben als Mönch zu entscheiden. Bevor man zum Bhikkhu ordiniert wird, verbringt man in der Regel ungefähr ein Jahr als Anagarika im Kloster – eine Art Probezeit und Zwischenstufe zwischen Laie und Mönch. Im Gegensatz zu den Mönchen dürfen Anagarikas, übersetzt bedeutet es »Heimlose«, noch mit Geld umgehen und weltlichen Besitz haben. Sie tragen anstatt der bekannten braunen oder safranfarbenen Roben weiße Gewänder. Dazu gehört das kurz geschorene Haar. Während die vollordinierten Mönche den Vinaya, ein Regelwerk mit 227 detailliert ausgearbeiteten Geboten, befolgen müssen, sind die Anagarikas nur an die acht Silas, die Tugendgebote, gebunden.

Innerhalb der Buddhist Society of Cambridge entstehen nach und nach Untergruppen, die unterschiedliche Meditationsformen üben. Peter entdeckt die Samatha-Meditation für sich, eine Technik, die in der thailändischen Theravada-Tradition häufig ausgeübt wird und die schon der historische Buddha praktizierte und lehrte.

Theravada

Theravada ist neben Mahayana und Vajrayana eine der drei heute noch bestehenden Hauptrichtungen des Buddhismus. Theravada bedeutet übersetzt »Schule der Ältesten«, daneben sind auch »kleiner Weg« oder »kleines Fahrzeug« geläufige Bezeichnungen. Im Gegensatz zu den anderen Traditionen ist im Theravada nur der Pali-Kanon als Grundlage der Lehre und der Mönchsregeln zugelassen. Verbreitung findet er hauptsächlich im südostasiatischen Raum. Er gilt als strengste Linie, die den ursprünglichen Lehren Buddhas am nächsten kommt. Theravada zielt stark auf die Verantwortung des Einzelnen und sein Verhalten ab. »Habt euch selbst als Leuchte, euch selbst als Zuflucht, nichts anderes als Zuflucht.« Wenn man Erleuchtung erfährt, dann, wie Buddha, aus eigener Kraft. Das gelingt nur sehr wenigen Menschen – alle anderen müssen sich damit begnügen, ihr Karma im aktuellen Leben und damit den Ausgangspunkt für die nächste Wiedergeburt zu verbessern.

In Cambridge gibt von 1963 an ein charismatischer Lehrer Meditationsunterricht: Nai Boonman. Der thailändische Mönch hat lange in Indien gelebt, bevor er seine Robe abgelegt hat und auf einer abenteuerlichen Motorradfahrt nach England gekommen ist. Er hat im Myanmar der 1950er-Jahre lange Zeit Vipassana-Meditation praktiziert. Studenten in Cambridge bitten ihn, sie zu unterrichten. Er bleibt für zehn Jahre und wird auch Peters Meditationslehrer. Auf dem Weg zu seiner ersten Meditation bei Nai Boonman hat Peter den Kopf voller Fragen. Er kann es kaum erwarten, sie endlich stellen zu können, und er ist neugierig und gespannt auf die Antworten. Aber als er Nai Boonman gegenübersitzt, sind alle diese Fragen wie weggeblasen. Sein Geist wird ruhig. Alles, was er spüren kann, ist die Gegenwart dieses Mannes und die bedingungslose Liebe, die er ausstrahlt. Peter ist fasziniert von der Samatha-Meditation. Er hat zu dieser Zeit eine Freundin und stellt fest: Meditation ist sogar besser als Sex!

Samatha-Meditation

Samatha bedeutet »ruhiges Verweilen«. Es gibt verschiedene Formen der Samatha-Meditation. Die Technik, die auch Ajahn Brahm anwendet, benutzt die Konzentration auf den Atem als Instrument, um Ruhe und Achtsamkeit im Geist zu etablieren. Das Ziel sind innerer Frieden und Klarheit – über Jhanas und Vipassana zu Samadhi. Buddha selbst soll auf diese Weise meditiert haben, sie gilt als zentraler Teil seiner Lehre. Aus der Samatha-Meditation abgeleitete Techniken werden heute auch außerhalb des Buddhismus eingesetzt, etwa in der MBSR, der Achtsamkeitsbasierten Stressreduktion von Jon Kabat-Zinn, und anderen Psychotherapiemethoden.

Unter den Physik-Dozenten in Cambridge befindet sich damals auch Brian David Josephson aus Wales. Auch er hat schon als Student meditiert. 1960 entdeckt er als dreiundzwanzigjähriger Doktorand den nach ihm benannten Josephson-Effekt – während der Meditation. Durch die Meditation bekomme er Zugriff auf tieferes Wissen, das er für seine Forschung nutzen könne, erklärt er dazu. Josephson wird später Professor in Cambridge und bekommt 1973 für seine Entdeckung den Nobelpreis für Physik verliehen. Er forscht weiter, erweitert sein Forschungsgebiet in Richtung Parapsychologie und beschäftigt sich mit dem menschlichen Bewusstsein und der menschlichen Wahrnehmung. Heute gilt er als einer der wenigen Physiker, die paranormale Phänomene nicht von vornherein ablehnen.

Peter und seine Freunde sind noch weit von solchen akademischen Erfolgen entfernt. Sie sind typische Studenten, unternehmungslustig, neugierig und experimentierfreudig. Nur ihr nachhaltiges Interesse an spirituellen Themen unterscheidet sie ein wenig von den anderen, schweißt sie aber umso mehr zusammen. Natürlich beschäftigen sie sich mit den großen Fragen der Menschheit und diskutieren über Gott und die Welt. Sie sprechen viel über das menschliche Bewusstsein und über Dinge, die sich der Wissenschaft entziehen, wie Telepathie, Hellsichtigkeit und Vorahnungen. Für angehende Naturwissenschaftler wie sie ist das faszinierend. In alten Schriften wie etwa Patanjalis Yogasutra lesen sie von besonderen Fähigkeiten, die man über Meditation erlangen kann, den Siddhis, zu denen zum Beispiel Levitation und Telepathie zählen.

Die Freunde suchen medial begabte Menschen auf und versuchen sich in Levitation, dem Anheben von Dingen durch Geisteskraft – mit überschaubarem Erfolg. Aber sie wollen es wirklich wissen und veranstalten Experimente, um spirituellen Fragen wissenschaftlich auf den Grund zu gehen. Zum Beispiel stellen sie die These auf, dass die Seele im Schlaf den Körper verlässt. Hat die Seele ein Gewicht, müsste ein schlafender Körper leichter werden. Sie führen den Versuch tatsächlich unter wissenschaftlichen Bedingungen im Addenbrooke's Hospital in Cambridge durch. Mit dem Ergebnis sind sie eher unzufrieden: Ihre Annahme bestätigt sich nicht. Es stellt sich heraus, dass Peter entweder nicht eingeschlafen ist oder eine sehr leichte Seele besitzt … Andere Experimente folgen. Nur zu gerne würden sie paranormale Phänomene beweisen. Aber es gelingt ihnen nicht. So lernen sie eines der großen Spannungsfelder zwischen Spiritualität und Wissenschaft unmittelbar kennen und beschäftigen sich mit Gemeinsamkeiten und Widersprüchen.

Disziplin

Am verkaterten Tag nach einer wilden Studentenparty beschließt Peter, der mittlerweile einiges über Karma weiß, künftig keinen Alkohol mehr zu trinken. Und da er schon mal dabei ist, beschließt er, sein Leben umzukrempeln: Er wird Vegetarier. Manchmal übertreibt er es auch etwas mit seiner Konsequenz. Als seine Freundin einmal für ihn nichtvegetarisch kocht, weigert er sich zu essen. Er übersieht dabei, dass Freundlichkeit und Mitgefühl manchmal wichtiger sind als eiserne Prinzipientreue.

Seine Entschlusskraft bleibt beachtlich. Hat er sich einmal für eine Sache entschieden, sei es Abstinenz, Fasten oder sein Studium, bleibt er dabei. Von außen scheint es, als koste es ihn fast keine Anstrengung. Wie so oft bei Dingen, mit denen man sich quält und schwertut und die anderen so mühelos zu gelingen scheinen, lohnt sich ein Blick hinter die Kulissen. Außer in seltenen Ausnahmen findet man dort: Schweiß, Disziplin und einen starken Willen. Sind das angeborene oder anerzogene Charakterzüge? Zu einem kleinen Teil spielt sicher beides eine Rolle, der weitaus bedeutsamere Teil liegt aber wohl in der Einstellung zum eigenen Handeln und letztendlich auch zu sich selbst. Sich selbst nicht allzu wichtig zu nehmen, sein jeweiliges Handeln dafür umso mehr, das klingt für westliche Ohren paradox, entspricht aber der buddhistischen Idee. Peter hilft dabei auch die regelmäßige Meditation. Er geht zu den Dhamma-Reden in Cambridge, empfindet sie aber als langweilig, humorlos und schlecht aufbereitet. Einmal schläft der Vorsitzende sogar ein und fängt an zu schnarchen – ein mitreißender Vortrag sieht anders aus.

Es geht aber auch anders. Vesakh ist der höchste buddhistische Feiertag und in vielen südostasiatischen Ländern das wichtigste Fest des Jahres. Man feiert an diesem Tag die Geburt und Erleuchtung des Siddhartha Gautama. Als Peter einmal eine Vesakh-Zeremonie der Buddhistischen Gesellschaft besucht, liest ein Mönch aus Sri Lanka aus der Geschichte der Erleuchtung Buddhas.

Erleuchtung

Jeder, der auch nur entfernt mit dem Buddhismus in Berührung kommt, begegnet dem Begriff der Erleuchtung.

Die genauere Übersetzung des aus dem Pali und Sanskrit kommenden Wortes Bodhi lautet »Erwachen«. Gemeint ist ein Zustand, in dem man tiefere Einsicht erlangt. Vereinfacht ausgedrückt bedeutet Bodhi das Erkennen der absoluten Wahrheit und die Überwindung aller Bedürfnisse. Dann entstehen keine karmischen Kräfte mehr, und man kann Samsara, den ewigen Kreislauf aus Geburt, Leiden, Sterben und Wiedergeburt, unterbrechen. Siddhartha Gautama erreichte diesen Zustand, nachdem er lange Zeit unter einem Baum sitzend meditiert hatte, und führte von da an den Namen Buddha, der Erwachte.

Peter ist gefesselt und begeistert von dieser Geschichte. Das Gelöbnis Siddharthas, an diesem Ort zu verharren, bis vollständige Erleuchtung erreicht ist, »und wenn dabei das Fleisch verdorrt, das Blut vertrocknet«[5], elektrisiert ihn. Während der Mönch vorliest, wächst Peters Aufregung, und er kann es kaum erwarten, die Sache mit der Erleuchtung im stillen Kämmerlein selbst auszuprobieren. So schwierig scheint das ja nicht zu sein. Er meditiert seit über einem Jahr mehr oder weniger regelmäßig und hat genug Bücher über das Thema gelesen. Es kann also losgehen, jetzt oder nie! Am nächsten Tag hat er eine Prüfung, ein bisschen Erleuchtung kann da nicht schaden.

Peter sperrt seine Tür ab, setzt sich auf den Boden und verspricht sich laut und feierlich, »diesen Ort nicht zu verlassen, bis Erleuchtung errungen ist – und wenn das Fleisch dabei verdorrt, das Blut vertrocknet«. Vierzig Minuten leidet er Qualen. Seine Beine sind eingeschlafen, und die Knie schmerzen unerträglich. Nie schien die Erleuchtung so weit entfernt zu sein wie in diesem Moment. Er ist enttäuscht und ziemlich deprimiert und fühlt sich weniger erleuchtet als je zuvor.

Entscheidungen und Konsequenzen

Als Student besitzt Peter ein Motorrad. An einem regnerischen Tag ist er damit in Notting Hill in London unterwegs. Die Straße ist nass und abschüssig, und er fährt vielleicht etwas zu schnell, als das Auto vor ihm wie aus dem Nichts eine Vollbremsung macht. Vor dem Auto haben Fußgänger ohne zu schauen einen Zebrastreifen betreten. Peter tritt auf die Bremse, das Motorrad fängt an zu rutschen und gerät außer Kontrolle. In Sekundenbruchteilen muss er sich entscheiden: Soll er in das Auto hineinschlittern oder mit einem gewagten Manöver um das Auto herum über den Zebrastreifen und vielleicht in die Menschengruppe? Er entscheidet sich für Letzteres und kommt mit viel, viel Glück an den Passanten vorbei. Alles ist gut gegangen, hätte aber auch anders enden können. Sekunden oder Zentimeter können ein Schicksal völlig verändern. Was hätte passieren können? Ein Krankenhausaufenthalt und Schlimmeres oder auch eine Gefängnisstrafe, weil er jemanden fahrlässig verletzt hat. Kurz mal nicht aufgepasst, zur falschen Zeit am falschen Ort sein, das kann alle Pläne und Vorhaben zunichte machen, und nicht nur das: Manche Konsequenz kann einen ein Leben lang begleiten. Peter lernt aus diesem Schreckensmoment, wie leicht man eine falsche Entscheidung treffen kann.

Karriere und Glück – ein Widerspruch in sich?

Peter ist gern für andere da, das fällt ihm leicht und hat ihm immer schon Spaß gemacht. Wenn es sein knappes Studentenbudget erlaubt, spendet er Geld für wohltätige Zwecke. In seinen freien Stunden arbeitet er ehrenamtlich in einem Behindertenheim in Cambridge, in dem vor allem Menschen mit Down-Syndrom betreut werden. Insgesamt zwei Jahre verbringt Peter dort, damit bleibt er länger als alle anderen Freiwilligen. Diese Arbeit sagt ihm zu, er fühlt sich wohl und bereichert. Eigentlich soll er sich um seine Schützlinge kümmern, aber die kümmern sich genauso um ihn. Und er lernt viel über Mitgefühl, Wärme und Herzlichkeit. Peter sieht sie primär nicht als Menschen mit Behinderung, sondern ganz im Gegenteil als Menschen mit besonderen Fähigkeiten. Für ihn sind sie die wahren Emotionsexperten.

Eine weitere Erkenntnis, die Peter durch diese Arbeit erlangt, ist der psychologische Effekt ehrenamtlicher Tätigkeiten. So lassen sich seiner Erfahrung nach Depressionen lindern oder sogar überwinden, indem man sich ehrenamtlich engagiert. Man erfährt hier einfach und unmittelbar Sinn und Wirksamkeit des eigenen Handelns. Man gibt, ohne etwas im Gegenzug zu erwarten, und geht jeden Tag mit einem warmen Gefühl nach Hause. Eine Erfahrung, die man im Berufsalltag unserer Gesellschaft nicht mehr so oft macht.

Die Universität von Cambridge hat über die Jahrhunderte viele brillante Absolventen hervorgebracht, darunter hervorragende Wissenschaftler und sogar Nobelpreisträger. Peter und seine Kommilitonen sehen, auf welche Art von Erfolg und auf welche Ziele es im Leben offenbar ankommt. Peter beobachtet all das, schließlich ist er selbst auf dem Weg zu einer ähnlichen Karriere, und sieht, dass beruflicher Erfolg sich nicht zwangsläufig auf das Privatleben überträgt. Im Gegenteil: Versucht man mit aller Macht, im Beruf erfolgreich zu sein und die Karriereleiter Stufe um Stufe emporzusteigen, kann sich irgendwann das vernachlässigte Privatleben bemerkbar machen. Nachdem man seine beruflichen Ziele verfolgt und schließlich erreicht hat, möchte man die Erfolge feiern und genießen. Oft wird einem dann erst bewusst, dass da niemand mehr ist, mit dem man sie teilen kann. So intelligent die Leute in Cambridge auch sein mögen, Klugheit allein scheint nicht der Schlüssel zum Glück zu sein. Peter wird klar: Diese Kriterien sind nicht die seinen. Er möchte ein freies, erfülltes Leben führen.

Zunehmend entfernt er sich von dem Gedanken, als Physiker zu arbeiten. Zum einen liebt er den Kontakt zu Menschen, zum anderen kann er sich nicht vorstellen, etwa in der Rüstungsindustrie zu arbeiten, die damals, mitten im Kalten Krieg zwischen

Ost und West, ein attraktives Arbeitsfeld für Physiker bietet. Der Wissenschaft gegenüber entwickelt er trotz aller Liebe eine gesunde Kritik. In der Beschäftigung mit Meditation entdeckt er die Weiten seines Bewusstseins und erlebt in der Forschung oft Menschen, die Weiterentwicklung in ihrem Fach verhindern. Peter Betts zitiert damals gerne einen alten Aphorismus: Die Bedeutung eines Wissenschaftlers wird an der Zeit gemessen, in der er den Fortschritt auf seinem Gebiet verhindert hat. Das ist nur allzu wahr, findet der junge Student. Länger als nötig an der Universität zu bleiben wird für Peter immer unwahrscheinlicher.

Wie die meisten jungen Menschen ist Peter äußerst reiselustig und neugierig auf die Welt. In den frühen 1970er-Jahren ist er in den Semesterferien viel mit seinen Freunden unterwegs. Er erkundet Teile Nordafrikas und Zentralamerikas. Seine erste buddhistische Pilgerreise führt ihn nach Indien.

Auf der Halbinsel Yucatan im Norden Guatemalas hat er 1969 ein besonderes Erlebnis, das ihn die Natur von Samadhi noch besser verstehen lässt. Auf dem Weg zu den alten Maya-Stätten von Tikal, die damals gerade erst wieder Forschungsobjekt von Archäologen geworden sind, ist er tagelang im blätterüberdachten, feuchten Dschungel unterwegs, in Booten, auf klapprigen Lastwägen und noch klapprigeren Rikschas. Als er in Tikal ankommt, steht er völlig alleine auf dem riesigen Gelände inmitten verfallener Pyramiden und Tempel. Wie klein er sich fühlt. Als er nach Tagen im diesig-schwülen Dschungel die Stufenpyramiden emporklettert, sich der Nebel langsam lichtet und er wieder ins gleißend helle Sonnenlicht gelangt, empfindet er reines Glück. Dieser Anblick, unter ihm das Wolkenmeer, über ihm Sonne und endlos blauer Himmel, wird für ihn zum Sinnbild für Samadhi, dafür, die Grenzen, die die sinnliche Welt uns setzt, zu überwinden und eine andere Perspektive zu suchen, um vielleicht einen höheren Zusammenhang zu verstehen.

So spannend es ist, unterwegs zu sein – für Peter ist das Schönste immer noch das Nichtstun. Pures Glück bedeutet für ihn, in einem Boot zu sitzen und sich von einem seiner Freunde durch die Gegend rudern zu lassen. Ein perfekter Moment.

Er vertieft seine Meditationspraxis und besucht sein erstes Retreat, für das man sich aus seiner gewohnten Umgebung zurückzieht, um sich seiner spirituellen Entwicklung zu widmen. Während dieser Tage wird sein Geist so friedlich und ausgeglichen, dass es ihm genügt, stundenlang im Garten zu sitzen und Pflanzen zu betrachten. Wie viel gibt es hier im Kleinsten zu entdecken, Perfektion und absolute Schönheit der Natur in jedem Detail.

Der Lotus – das buddhistische Symbol

Die Lotuspflanze als Symbol ist im asiatischen Raum omnipräsent und hat viele Bedeutungen. Buddha selbst nutzte sie für zahlreiche Metaphern. Sie wird mit der Schöpfung in Beziehung gesetzt und symbolisiert den Weg des Menschen zu Höherem. Die Wurzeln dieser Sumpfpflanze stecken tief im Schlamm, im Morast, aus dem sie in ihrer ganzen Schönheit emporwächst. Ihre Blätter haben die Eigenschaft, Schmutz abperlen zu lassen. Die Blüte ist perfekt in ihrer gleichmäßigen Geometrie und unberührt vom Schmutz der Umgebung. So steht sie auch für das menschliche Leben, das im übertragenen Sinne im Sumpf beginnt, aber in Frieden und Reinheit gipfeln kann.

Durch die Meditation kann Peter auch in Stresssituationen die Kontrolle über seinen Geist behalten. Hiervon profitiert er auch während der extrem anstrengenden Prüfungsphase am Ende seines Studiums: Er bleibt ruhig und gelassen. Zu dieser Zeit werden alle Klausuren innerhalb einer Woche geschrieben, jeden Tag zwei, eine morgens, eine nachmittags. Die meisten seiner Kommilitonen gehen in der Pause erschöpft zum Mittagessen. Peter zieht sich zurück und meditiert. Vor den Nachmittagsklausuren ist er in einem derart wachen, ausgeruhten und fast euphorischen Zustand, dass manche seiner Freunde schon argwöhnen, er habe Drogen genommen. Wieder sind seine Prüfungsergebnisse exzellent – er weiß, warum.

Wieder in der Schule

Die Examen sind vorüber und der Abschluss geschafft. Peters Freund Bernard Carr bleibt in Cambridge und wird Doktorand bei Stephen Hawking. Aber was tun, wenn man nicht in der Wissenschaft oder in der Industrie arbeiten will? Peter entschließt sich dazu, nach seinem Studium Lehrer zu werden. Um die entsprechende Qualifikation zu erwerben, muss er ein weiteres Jahr studieren. Er verlässt das teure Cambridge und schreibt sich an der Durham University in der Nähe von Newcastle ein. Direkt im Anschluss zieht er noch einmal um: Aus dem hohen Norden geht es in den tiefsten Süden Großbritanniens. Er erhält eine Anstellung an einer Schule in Devon als Lehrer für Mathematik und Naturwissenschaften. Er stürzt sich mit Begeisterung in die Arbeit, besonders die schlechten Schüler liegen ihm am Herzen. Er fragt sich, wie er sie dazu bringen kann, ihre Noten zu verbessern. Peter ist davon überzeugt, dass schlechte Noten nicht primär mit mangelnder Intelligenz zu tun haben. So wagt er einen, wie er sagt, etwas unfairen Versuch. Er widmet den wackligsten Schülern zusätzliche Zeit, versucht, sie mit Spezialaufgaben anzuspornen und zu fördern. Und genau so, wie er es sich erhofft hat, kommt es auch. Seine ehemals schwächsten Schüler verbessern sich dank seiner Zuwendung allmählich. Aus diesen Erfahrungen folgert er, dass schlechte Schüler in ihren Leistungen oft mangelhaft bleiben, weil sie immer wieder zu hören bekommen, dass sie schlecht sind. Man wird zu dem, was man zu sein glaubt.

Ajahn Brahm erzählt in diesem Zusammenhang von einem psychologischen Experiment. An einer Schule in England werden die Kinder nach einer Prüfung am Jahresende in zwei Klassen aufgeteilt. Nur der Direktor und die beteiligten Psychologen kennen die Ergebnisse. Im Folgejahr gibt es Klasse A und Klasse B. Die Kinder der Klasse B müssen Zusatzaufgaben erledigen und sind in ihrer Freizeitgestaltung eingeschränkt, während die Kinder der Klasse A belohnt werden. Eltern und Lehrer gehen automatisch davon aus, dass die Aufteilung einem System folgt, dass die besseren Schüler in Klasse A und die schlechteren in Klasse B gekommen sind. Am Jahresende gibt es wieder eine Prüfung, und wie erwartet schneidet Klasse A wesentlich besser ab als Klasse B. Was ist der Clou an der Geschichte? Die Aufteilung in Klasse A und B hatte man nicht nach Leistung vorgenommen, sondern man hatte versucht, genau gleichwertige Gruppen zu bilden. Es wurde den Klasse-A-Schülern lediglich unterschwellig vermittelt, sie seien die besseren. Anders bei den Klasse-B-Schülern: Ihnen wurde bewusst oder unbewusst unterstellt, sie seien die schlechteren, und das bekamen sie zu spüren. Im Lauf dieses Schuljahrs wurden sie genau das: schlechter. Dazu Ajahn Brahm: »Wir werden zu dem, was wir zu sein glauben. Man muss es uns nur lange genug sagen.«[6]

Als Peter mit den Schülern arbeitet, hat er das bereits verstanden. Er liebt es, den Schein der Dinge zu hinterfragen, und er liebt Experimente – hier ist er noch ganz Wissenschaftler. Eine Gruppenmeditation während der Schulversammlung gehört dazu. Sechshundertfünfzig Schüler, die sich sonst keine Sekunde ruhig halten können, ohne zu lachen oder zu tuscheln, meditieren für fünf Minuten zusammen. Ein einziges Kichern hätte den Versuch zerstört. Aber alle machen mit, und in der riesigen Aula herrscht vollkommene Stille. Peter ist stolz – und auch ein wenig erstaunt. Nach diesen fünf Minuten gibt es Applaus. Viele Jahre später trifft er zufällig einen seiner Schüler wieder, der ihm erzählt, wie sehr ihn diese Mini-Meditation verändert habe.

Als er seine ersten Mathematikklausuren erstellen soll, ist Peter unsicher. Er fragt Kollegen um Rat. Der Vorschlag eines älteren Kollegen leuchtet ihm sofort ein. Der rät, die Aufgaben so zu stellen, dass die Schüler circa siebzig Prozent richtig beantworten können. Zum einen wisse er anhand der fehlenden dreißig Prozent, woran es noch mangelt. Zum anderen seien die Schüler mit einem solchen Ergebnis immer noch motiviert, weiterzulernen. Bei einem schlechteren wären sie frustriert, bei einem besseren würden sie sich unterfordert fühlen oder wären allzu zufrieden mit sich. Es gilt, das richtige Maß zu finden.

Der Mittelweg

Das Beispiel der Mathematikklausur greift einen zentralen Punkt der Lehre Buddhas auf: den Mittelweg. Der besagt, dass der Mensch mit einer gesunden Balance am glücklichsten wird, also mit möglichst wenig Extremen. Es gibt unzählige Interpretationen des Mittelwegs. Buddha selbst kannte als Prinz ein Leben in Pomp und Luxus und tauschte es freiwillig für eine gewisse Zeit gegen ein Leben in Armut und Askese. Durch diese Erfahrung erkannte er, dass der Mittelweg der beste Weg ist: die Balance zwischen zwei Extremen. Diese Balance gilt es für alle Bereiche des Lebens zu finden, materielle wie immaterielle. Je kleiner die Amplitude zwischen himmelhoch jauchzend und zu Tode betrübt ist, desto zufriedener und stabiler wird man. Dasselbe gilt für die gängigen Ideale vom Besten, Schönsten, Teuersten, für alle erstrebenswerten Ziele, denen wir in der modernen Welt normalerweise hinterherlaufen. Der Mittelweg lohnt sich, weil er ausgeglichener und zufriedener macht. Man schafft damit zwischen sich und den Dingen, Themen, Gefühlen den nötigen Abstand und lernt, sie aus der Distanz zu betrachten. »Don't change the outside, change the inside«[7], so Ajahn Brahm: Fange bei dir selber an, und ein großer Schritt ist gemacht.

Auf dem Weg zum Mönch

Trotz seiner Erfolge als Lehrer keimt in Peter der Wunsch nach einem Leben auf, das stärker auf seine spirituelle Weiterentwicklung ausgerichtet ist. Am Profanen und dem, was die meisten Menschen unter normalem Leben verstehen, verliert er mehr und mehr das Interesse.

Immer wieder fährt er nach London, um den buddhistischen Tempel Wat Buddhapadipa in der Christchurch Road in Richmond zu besuchen, den ersten seiner Art in Großbritannien. Er gilt damals als das Zentrum für Buddhismus in Europa. Nach wie vor werden hier Meditationsretreats und zahlreiche andere

Aktivitäten abgehalten. Auch der schon erwähnte Novak Djokovic meditiert hier regelmäßig während der Wimbledon Championships, die er immerhin schon dreimal gewonnen hat. Schon zu Peters Zeiten gab es ein umfangreiches Angebot an Dhamma-Reden und Meditationsseminaren. Peter fühlte sich dort wohl und verstanden, dem Sangha zugehörig.

Sangha

Der Begriff Sangha kommt aus dem Sanskrit und bedeutet Versammlung. Im Buddhismus ist damit die Gemeinschaft der Gläubigen gemeint. Es gibt zwei Definitionen für Sangha: eine weiter gefasste, die alle den Buddhismus Praktizierenden mit einschließt, und eine enger gefasste, die sich nur auf ordinierte Mönche und Nonnen bezieht.

Peter ist von den Mönchen begeistert. Sie sind die ruhigsten und friedlichsten Menschen, die er je gesehen hat. Diesen inneren Frieden möchte er auch für sich. Nur wie erreicht man ihn? Fragen über Fragen. Ist er mit seinem jetzigen Leben wirklich zufrieden? Wie geht es weiter? Gründet er eine Familie? Bleibt er die nächsten vierzig Jahre an der Schule und unterrichtet tagein, tagaus das Einmaleins? Und geht dann irgendwann in ferner Zeit in Rente, wäscht sein Auto und kümmert sich um die Blumenrabatten in seinem Vorgarten? Ergibt das alles Sinn für ihn? Wann ist er glücklich?

Peter hat zumindest eine Ahnung. Richtig angekommen, ja beinahe wunschlos glücklich ist er vor allem während und nach einer gelungenen Meditation. Könnte das vielleicht sein Weg sein? Das theoretische Wissen aus Büchern und die sporadischen

Meditationen sind Peter nicht mehr genug. Er will mehr und tiefer eintauchen. Er will den Buddhismus unmittelbarer erfahren, wissen, wie es sich anfühlt, Mönch zu sein. Er überlegt, sich mit allem, was er hat, auf diese spirituelle Reise zu begeben. Die Londoner Mönche beraten und bestärken ihn darin. Sie empfehlen ihm, nach Thailand zu gehen und dort das Klosterleben auszuprobieren. Anstatt sich weiter mit Gedanken zu quälen, solle er einfach in den nächsten Flieger nach Bangkok steigen und Mönch werden.

THAILAND

Aus Peter Betts wird Ajahn Brahm

Peter überlegt, wägt Pro und Kontra ab. Will er sein Leben wirklich so radikal ändern? Keine Konzerte mehr, keine Freundinnen, auch keine köstlichen Pommes frites? Aber wohin sein Herz ihn zieht, ist klar. Er trifft die Entscheidung, den Schritt zu wagen und sein bisheriges Leben hinter sich zu lassen. Lehrer zu bleiben kommt nicht infrage. Scherzhaft sagt er, dass ein Jahr als Lehrer reiche, um sich für den Rest seines Lebens von der Welt zurückzuziehen. Also Thailand – zunächst einmal für zwei Jahre. Danach möchte er eine Frau finden und heiraten, vielleicht in eine Kommune nach Wales ziehen und doch noch Lokführer werden. Die beiden Mönche, die ihn zum Flughafen begleiten, verabschieden ihn herzlich und tragen ihm mit einem Augenzwinkern auf, sofort nach Hause zu kommen, sobald er erleuchtet sei.

Peter fliegt nach Bangkok. Während des langen Flugs gehen seine Gedanken im Kreis. Er spürt eine Mischung aus Vorfreude und Aufregung. Ist das wirklich die richtige Entscheidung, der richtige Weg für ihn? Im Don Mueang International Airport Bangkok gelandet, sammelt er sein spärliches Gepäck ein und nimmt sich ein Taxi. Mit Händen und Füßen versucht er, dem Taxifahrer sein Ziel mitzuteilen: Wat Saket, der Tempel des goldenen Bergs. Der Fahrer versteht erst nicht und ist, als jedes Missverständnis ausgeschlossen ist, buchstäblich fassungslos. Der Farang[8] muss verrückt sein. Dieser in seinen Augen reiche Fahrgast aus Europa möchte direkt zu einem Tempel gefahren werden und nicht in ein Hotel wie alle anderen Touristen? Der Westen gilt damals als das gelobte Land – reich und luxuriös, es gibt alles im Überfluss. Wie ist es möglich, dass einer dieser privilegierten Menschen darauf verzichten möchte? Dass er das entbehrungsreiche, karge Klosterleben einem Leben in Saus und Braus vorzieht? Der Taxifahrer versteht die Welt nicht mehr. Kopfschüttelnd lässt er Peter vor dem Eingangstor von Wat Saket aus dem Taxi steigen.

Wat – buddhistische Tempelanlagen

Wat Saket gilt als eine der wichtigsten Tempelanlagen Bangkoks und liegt mitten in der Stadt. Er ist das Hauptkloster der Maha Nikaya, des größten Ordens Thailands. Ein Wat ist ein von einer Mauer umgebener Gebäudekomplex und nicht mit einer abendländischen Kirche oder einem Kloster vergleichbar. Die Grundstruktur ist immer ähnlich. Zentrale Elemente sind die Ordinationshalle (Ubosot) und die Meditationshalle (Viharn), in denen alle Rituale abgehalten werden – meist sind es luftige Gebäude mit Satteldächern. Oft gibt es einen Stupa, ein kegelförmiges, kunstvolles Bauwerk mit einer hohen Spitze, das alles andere auf dem Tempelgelände überragt. Der Stupa symbolisiert Buddha und seine Lehre und enthält mitunter Reliquien. Die Mönche umkreisen ihn während der Zeremonien im Uhrzeigersinn. Neben diesen Gebäuden befinden sich auch die Wohnräume der Mönche, Küche, Bibliothek etc. auf dem Gelände des Wat. So spiegelt der Wat alle zentralen Aspekte des monastischen Lebens wider – bis auf den Almosengang, für den die Mönche den Wat verlassen.

Peter ist in einem fremden Land, Tausende Kilometer von zu Hause entfernt. Die Luft ist feucht und schwer, die Gerüche ungewohnt. Bangkok ist ein Moloch – stinkend, laut, exotisch und in vielerlei Hinsicht extrem. Enge Gassen, breite Boulevards, vom Verkehr verstopft. Straßenverkäufer bieten an jeder Ecke gegrilltes Fleisch oder Obst an. Überall Gedränge. Wenn hier ein Prinzip herrscht, dann ist es das Chaos.

Dennoch fühlt Peter, dass er angekommen ist. Er befindet sich in einem der Zentren des Buddhismus schlechthin und ist dort angelangt, wohin ihn sein Innerstes gezogen hat.

Im Dezember 1974 wird Peter Betts zum Mönch. Er bekommt den Ordensnamen Brahmavamso und nach einigen Jahren im Kloster den Beinamen Ajahn. Als Ajahn Brahm kennen ihn heute Hunderttausende Menschen auf der ganzen Welt. Ajahn bedeutet »der Lehrer«, der Name Brahm »aus dem Geschlecht Brahmas«, einem der Hauptgötter im Hinduismus.

Der Mönch, unter dem Peter ordiniert wird, heißt Phra Somdet Buddhajahn. Später wird er eine der Leitfiguren des Sangha in Thailand. Die enge Beziehung zu hochrangigen Mönchen wie ihm wird Ajahn Brahm noch von großem Nutzen sein.

Die Ordination, der Eintritt in den Mönchsorden, ist ein einschneidender Moment. Sie ist mit Zeremonien und Ritualen verbunden, die den Übergang zum Mönchsstatus markieren. Am Tag der Ordination wandern die Novizen dreimal um das Kloster herum. Sie unterschreiben einen Vertrag, schwören weltlichem Besitz ab und bekommen ihre Almosenschale. Die sichtbarste Veränderung ist der Wechsel der Kleidung. Die Novizen legen das Weiß der Anagarikas ab und die farbige Mönchsrobe an. Ein festlicher Tag, der einen großen Entwicklungsschritt markiert. Seine Robe ist Ajahn Brahms ganzer Stolz. Er spürt, dass er sie nie wieder ablegen möchte. In dieser ersten Zeit sucht ihn immer wieder derselbe Traum heim: Er träumt, dass er die Robe nicht mehr trägt, kein Bhikkhu mehr ist. In Schweiß gebadet wacht er auf und entspannt sich erst wieder, wenn er seine Mönchskleidung neben sich liegen sieht.

Die Kleidung der Mönche

Die Robe besteht aus drei verschiedenen Teilen: einem Untergewand (einer Art Rock), einem Obergewand und der äußeren Robe. Die äußere Robe ist der sichtbare Teil. Sie ist meist zweilagig und wird über der Schulter getragen. Alternativ kann sie auch als Decke oder Umhang benutzt werden. Sie dient als Schutz vor Hitze, Kälte und Moskitos. Die äußere Robe wird in der Theravada-Tradition wie Patchwork nach einem bestimmten Prinzip aus verschiedenen Bahnen zusammengenäht. Früher war neuer Stoff für die Roben oft schwer zu beschaffen. Die Mönche nähten ihre Roben dann behelfsweise aus Flicken und manchmal sogar aus Leichentüchern zusammen. Die erlaubten Farben sind Gelb, Ocker, Braun und Rot – je nach Orden unterschiedlich. Gefärbt wird meist mit Pflanzenfarben. An seiner Robe, von der er maximal drei Stück besitzen darf, erkennt man einen Mönch sofort. Obwohl sie ein einfaches und schlichtes Kleidungsstück ist, ist sie manchmal ein Grund für Eitelkeit. Die Klosterregeln (Vinaya) beschreiben den Umgang mit der Robe deshalb sehr genau. Je nach Klima darf die Kleidung der Mönche mit langärmeligen T-Shirts, Mützen, Socken etc. ergänzt werden.

Junge Mönche haben am Anfang ihrer Klosterlaufbahn noch relativ wenige Pflichten, und so kann sich Ajahn Brahm intensiv seiner Meditationspraxis widmen. Wat Saket ist umgeben von breiten, viel befahrenen Straßen. Oft staut sich hier der Verkehr, die Fahrer versuchen, durch lautes Hupen schneller durch das Großstadtdickicht zu gelangen. Wohin das Auge schaut, rollendes und stehendes Blech, untermalt von Motorenlärm und Hupen. Smog und Abgase machen die heiße Luft zum Schneiden dick. Gerade die Meditationsanfänger haben schwer darum zu kämpfen, die äußeren Eindrücke auszublenden.

Nachdem etwa drei Monate vergangen sind, trifft der amerikanische Mönch Ajahn Sumedho in Wat Saket ein, um in Bangkok sein Visum zu verlängern. Die gemeinsame Muttersprache und der ähnliche akademische Hintergrund bringen ihn und Ajahn Brahm schnell ins Gespräch. Ajahn Sumedho erzählt dem frisch ordinierten Mönch von seinem Meditationsmeister Ajahn Chah und dessen Waldkloster Wat Pah Pong im Nordosten Thailands. In diesem Moment weiß Ajahn Brahm, der sich zunehmend durch die Unruhe der Stadt beeinträchtigt fühlt, wohin sein nächster Schritt ihn führen wird.

Aus der Stadt in den Wald

Als er über die Schwelle von Wat Pah Pong tritt, spürt Ajahn Brahm die besondere Atmosphäre des Orts: Hier herrschen Ruhe und Frieden. Das Kloster liegt in der Provinz Ubon Ratchathani im grünen, dicht bewaldeten Nordosten Thailands. Gegründet wurde es 1954 von Ajahn Chah, der Mönchen ebenso wie Novizen und Laien einen Platz geben wollte, wo sie unter seiner Leitung die Lehre Buddhas studieren konnten. Schon damals war er einer der bekanntesten Meditationslehrer Thailands. Ajahn Brahm wird den Moment, als er ihm das erste Mal begegnet ist, nie vergessen. Er ist fasziniert von der Persönlichkeit und Ausstrahlung dieses Mannes. Ajahn Chah strahlt mehr Zufriedenheit aus als alle Mönche, die er bislang getroffen hat. Ajahn Brahm spürt instinktiv, dass er seinen Lehrer gefunden hat.

Ajahn Chah

Ajahn Chah wurde 1918 in einem Dorf bei Ubon Ratchathani in Thailand geboren. Seine Eltern bewirtschafteten einen kleinen Bauernhof. Nach Abschluss der Grundschule gaben sie ihren Sohn für drei Jahre in die Obhut eines nahe gelegenen Klosters. Im Anschluss kehrte Ajahn Chah zurück, um die Eltern in der Landwirtschaft zu unterstützen. Nach einigen Jahren auf dem elterlichen Hof, er war mittlerweile zwanzig, entschloss er sich zu einer Rückkehr ins Kloster, diesmal als Mönch. Er studierte Pali, die Sutten und den Vinaya und lebte das traditionelle Klosterleben, aber echte Zufriedenheit wollte sich nicht einstellen.

Einigermaßen ernüchtert beendete er sein Studium und verließ schließlich auch seinen Wat, um die Lehren Buddhas als wandernder Bettelmönch im weltlichen Leben außerhalb des Klosters auszuprobieren. So wanderte er Hunderte Kilometer durch ganz Thailand, ohne wirklich eine Lösung für sein Problem zu finden. Er haderte mit der Umsetzung der Lehren von Achtsamkeit und Weisheit, von Sittlichkeit und Meditation in die Praxis, bis er schließlich auf den Lehrer Ajahn Mun stieß. Unter Muns Anleitung drang er bis zum Kern der Lehren vor. Durch dessen sehr direkte Lehre kam er zu der Einsicht, dass alles im Geist entsteht. Für Ajahn Chah war das eine Offenbarung. Diese Erkenntnis eröffnete ihm einen neuen, unmittelbaren Zugang zur buddhistischen Lehre und ermöglichte es ihm, diese auch tatsächlich zu leben.

Die strenge theravadische Waldtradition befolgend, zog er sieben Jahre lang durch Thailand, ständig darum bemüht, seine Meditation an ruhigen, entlegenen Orten zu vervollkommnen. Er schlief in Wäldern, Höhlen und sogar an Orten, an denen Leichen verbrannt wurden. Er begegnete seinen größten Ängsten und lernte, sie zu überwinden.

Im Jahr 1954 wurde er in sein Heimatdorf eingeladen. Sein Vater lebte zu diesem Zeitpunkt schon nicht mehr, und der Hof war aufgelöst. Ajahn Chah ließ sich schließlich, des ewigen Herumziehens müde, in einem kleinen Wald in unmittelbarer Nähe des Dorfs nieder. In dem von Malaria verseuchten Wald wimmelte es von Schlangen, Insekten und anderem Getier. Seine erste Hütte war ärmlich und bot ihm gerade eben genügend Schutz vor Witterung und Fauna. Trotz dieser äußerst unwirtlichen Umgebung sammelten sich nach und nach immer mehr Schüler um ihn, und so entwickelte sich aus Ajahn Chahs Eremitage allmählich das Kloster Wat Pah Pong. Ajahn Sumedho war der erste westliche Mönch, der in dieses Kloster aufgenommen wurde. In den 1970er-Jahren reiste Ajahn Chah zusammen mit ihm nach England, Kanada und in die USA. Seine Lehre wurde in zahlreichen Büchern veröffentlicht und in viele Sprachen übersetzt. Er wurde zu einem bekannten und einflussreichen Meditationslehrer, den Studenten, Bauern, Politiker, Generäle und Pilger gleichermaßen aufsuchten. Heute gibt es Zweigstellen des Ajahn Chah Sangha in Europa, den USA, Australien und Neuseeland. Nach langer Krankheit, er litt an Diabetes und benutzte seinen siechenden Körper noch als Anschauungsobjekt in seinem Unterricht, starb Ajahn Chah 1992 in Wat Pah Pong.

Ajahn Chah lehrte in seinem Kloster die Tradition der Waldmönche. Das Leben ist karg und fern jeder Romantik. Einfachheit und Reduktion bestimmen den Ablauf. Es gibt eine einzige Mahlzeit pro Tag, die aus Spenden besteht, die die Mönche in den frühen Morgenstunden auf ihrem Almosengang einsammeln. Meistens landet nur Klebreis in ihren Schüsseln. Ganz gleich, was die Dorfbewohner ihnen hineinlegen, die Mönche müssen alles dankbar annehmen. Der Almosengang hat zwei Aspekte: Zum einen dürfen die Mönche außer wenigen und streng reglementierten Alltagsgegenständen, wie etwa ihrer Kleidung und eben der Almosenschüssel, nichts besitzen. Die Menschen ihrer Gemeinde helfen ihnen deswegen, ernähren und unterstützen sie durch Sachspenden. Die Mönche geben ihnen umgekehrt die Möglichkeit, Gutes zu tun – in karmischer Hinsicht –, und stehen ihnen mit spiritueller Beratung zur Seite. So berühren sich die unterschiedlichen Lebenswelten der Mönche und Laien im täglichen Leben und bilden eine symbiotische Beziehung. Über Jahrhunderte waren die Klöster das soziale, religiöse und beratende Zentrum jeder Dorfgemeinschaft.

Der Verzicht ist nicht Mittel zum Zweck, um die Mönche einzuschränken; vielmehr soll er ihnen das Leben einfacher machen. Sie sollen nicht nur auf materielle Dinge verzichten, sondern auch auf nicht Greifbares. Die Mönche sollen alles, woran sie emotional festhalten, loslassen: Gewohnheiten, Ablenkungen, Vergangenes.

Mönche schwören dem Profanen ab und befreien sich so von Zwängen, denen andere Menschen automatisch unterliegen, weil sie am normalen Gang der Welt teilnehmen. Es geht also weniger um Verbote als vielmehr um ein Hilfsmittel, das von außen betrachtet zuerst einmal rigide erscheint. So können die Mönche sich ohne Hindernisse ihrer Praxis widmen, was eine Befreiung ist. Auf der anderen Seite bedeutet es auch, dass man nur bei sich selber suchen kann, sollte diese Befreiung nicht so zufriedenstellend sein, wie man vielleicht erwartet hat – man ist auf sich selbst zurückgeworfen. Ajahn Brahm beginnt zu entdecken, dass sein eigenes Ego bei der Meditation der größte Quell von Problemen ist.

Auf dem großen Gelände inmitten des Waldes leben Mönche, Mae Chis und Laien zusammen – Mae Chis und weibliche Laien in einem separaten Teil.

Mae Chi

Mae Chis sind Frauen buddhistischen Glaubens, die sich selbst zu einem Leben in Zölibat und Askese verpflichtet haben. Sie tragen weiße Kleidung, haben geschorenes Haar und werden im Volksmund als »weiße Nonnen« bezeichnet, obwohl der thailändische Sangha Nonnen (Bhikkhunis) nicht anerkennt. Mae Chis erfüllen meist Hilfsaufgaben wie Kochen oder Putzen und leben abseits der Mönche in Gemeinschaft auf dem Klostergelände.

Die Unterkünfte sind äußerst einfach, auch Ajahn Brahms Kuti, der Wohnraum im Kloster, hat weder fließendes Wasser noch Strom. Fast alle Gegenstände, die man für den täglichen Bedarf benötigt, sind Mangelware. Sind die Batterien für die Taschenlampen leer, was durchaus vorkommt, müssen die Mönche nachts in völliger Dunkelheit über das Klostergelände laufen, wie immer barfuß. Das Klima ist heiß und feucht, und der Boden scheint durch die vielen krabbelnden Insekten und Schlangen geradezu lebendig zu sein. Darauf zu gehen ist nicht nur eine Mutprobe, sondern auch ein großes Lehrstück in Achtsamkeit. Ajahn Brahm wird in all den Jahren nicht ein einziges Mal von einer Schlange gebissen.

An ein Leben als Vegetarier ist in Wat Pah Pong kurioserweise nicht zu denken. Eigentlich entspräche eine fleischlose Ernährung viel eher den buddhistischen Grundsätzen, die ja darauf ausgerichtet sind, keinem Wesen Leid anzutun. Das glauben zumindest viele westlich geprägte Menschen und kreiden den Klostergemeinschaften den Fleischverzehr gerne als Schwäche an. Hier, mitten auf dem Land in Thailand, ist ein vegetarischer Lebensstil aber schlichtweg nicht praktikabel. Sowohl die harte Arbeit als auch die tropischen Temperaturen stellen sehr hohe Anforderungen an den menschlichen Organismus. Das gelegentlich neben dem Reis in der Almosenschüssel landende Fleisch sollte man also besser nicht verschmähen. Das dürfen Mönche auch gar nicht, denn gemäß dem Vinaya müssen sie die ihnen gereichten Almosen dankbar annehmen und dann zu sich nehmen, als sei es Medizin. Eigene Lebensmittel anzubauen, zu lagern und selbst zuzubereiten ist den Mönchen nicht erlaubt, genauso wenig, wie von den Laien bestimmte Nahrungsmittel zu erbitten. Das Einzige, wonach sie ausdrücklich fragen dürfen, sind Wasser und benötigte Medikamente. Eine vegetarische Ernährung aus ethischen Prinzipien ist damals in Thailand nicht üblich, und in die Schüsseln der Mönche kommt nun einmal meistens das gleiche Essen wie auf die Teller der Spender. Ajahn Brahm kann ein Lied davon singen. Nach dem Genuss etwa von im Ganzen gegartem Frosch, »Gummischnecken« an Erdnusssoße, Curry von roten Ameisen oder auch gegrillten Heuschrecken wäre er, hätte er denn die Wahl, doch sehr gerne Vegetarier geblieben.

Fast erleuchtet

Ajahn Brahm findet sich schnell in den Lebensrhythmus von Wat Pah Pong ein. Nach wie vor verfolgt er sein Ziel, mit dem er ursprünglich aus England aufgebrochen ist: so schnell wie möglich erleuchtet zu werden. Ganz so einfach ist es aber doch nicht, stellt sich ziemlich schnell heraus. Obwohl er viel meditiert, seinen Pflichten im Sangha nachkommt und den Vinaya befolgt, will die Erleuchtung sich einfach nicht einstellen. In der Theorie weiß er fast alles darüber, die Praxis ist aber etwas ganz anderes.

Eines Abends, nachdem er schon einige Stunden meditiert hat, wird er von einem wunderbaren Gefühl überwältigt: Klarheit, Euphorie und Ruhe zugleich. All seine Probleme scheinen in weite Ferne gerückt. Das muss sie sein, die Erleuchtung, so muss sie sich anfühlen. Obwohl es schon spät ist, setzt er sich in seinem Kuti abermals im Lotussitz auf den Boden und meditiert weiter. Nach wenigen Stunden Schlaf ist er um drei Uhr morgens wieder der Erste in der Meditationshalle. Es folgen abermals Stunden perfekter Meditation, ohne den Hauch von Müdigkeit oder Erschöpfung.

In der festen Überzeugung, sein Ziel endlich erreicht zu haben, begibt sich der frisch Erleuchtete in den Speisesaal. Es gibt von den Laien zubereitete Gerichte – ein Fischcurry mit hygienisch mehr als fragwürdigen kleinen Fischen und einen Eintopf mit Gemüse und Schweinefleisch, olfaktorisch eindeutig die bessere Wahl. Ajahn Brahm steht als Zweiter in der Schlange, gleich hinter einem der Seniormönche, und freut sich schon auf die duftende Stärkung. Erleuchtung macht wirklich hungrig. Der Mönch vor ihm schüttet ein paar ordentliche Kellen Eintopf in seine Schüssel. Brahm hält seine Schale schon bereit und will gerade nach dem Schöpflöffel greifen. Anstatt Platz zu machen und weiterzugehen, greift sich der Seniormönch den Topf und kippt den Rest des Eintopfs zum gammeligen Fischcurry. Im Magen würden sich die beiden Gerichte ja ohnehin vermischen, so seine Erklärung.

Ajahn Brahm kocht vor Wut. Auch wenn dem so wäre, wieso nimmt der alte Mönch sich dann zuerst selbst von dem Eintopf? Er steigert sich in seine Wut über das unmögliche Verhalten hinein, da ereilt ihn plötzlich die Erkenntnis: Seine Erleuchtung ist plötzlich verflogen. Erleuchteten ist es egal, was sie essen, und sie regen sich auch nicht über die Willkür älterer Mönche auf. Ajahn Brahm ist enttäuscht. So enttäuscht, dass er nicht einmal den Geschmack des Fisch-Schweinefleisch-Durcheinanders, das er da aus seiner Schüssel löffelt, wahrnimmt.

In den folgenden Jahren geht er demütiger mit dem Thema Erleuchtung um. Sie wird abstrakter, rückt weiter in die Ferne, ähnlich seinen Kindheitsträumen, in denen er entweder Lokführer oder der erste englische Astronaut werden wollte. Wobei er ehrlich zugeben muss, dass er mehr Ahnung davon hat, wie es ist, einen Zug zu steuern, als erleuchtet zu sein. Niemand, auch nicht die ältesten Mönche, die fast ihr ganzes Leben im Kloster verbracht haben, kann ihm eine zufriedenstellende Antwort geben. Für Ajahn Brahm ist das ein Zeichen, dass er dieses Ziel aufgeben muss. Er ist einer Fantasie hinterhergejagt. Er denkt bei sich, dass er vielleicht eines Tages erfahren wird, wie es ist, erleuchtet zu sein. Viel wahrscheinlicher ist aber, dass das nicht passieren wird. Die Erleuchtung forciert herbeizuwünschen lässt die Wahrscheinlichkeit, dass er sie erreichen wird, auf null sinken. So viel hat er gelernt.

Thailändische Klosterkultur

Im Gegensatz zur abendländisch-christlichen ist die thailändische Klosterkultur sehr offen. Buddhistische Mönche sind Teil jedes Stadtbilds und bewegen sich völlig normal unter der Bevölkerung. Es gibt viele Interaktionen zwischen dem Heiligen und dem Profanen, wesentlich mehr, als man es von christlichen Orden kennt. Allerdings darf es keine körperlichen Berührungen geben, vor allem nicht zwischen Mönchen und Frauen. Bewegt sich ein Mönch auf einer belebten Straße, weichen ihm die Passanten wie selbstverständlich aus. Legen die Gläubigen Essen in die Schüsseln der Mönche, vermeiden sie ebenfalls jeden Körperkontakt.

Auch architektonisch sind die thailändischen Tempel- und Klosteranlagen sehr transparent gestaltet. Es gibt kaum Mauern oder Türen. Die erhöhten Türschwellen gelten als sichtbare Abgrenzung. Das Kloster ist in erster Linie für die Mönche da, ein Rückzugsort für Ruhe und Meditation.

Es gibt jedoch nur wenige Bereiche in einem Kloster, die die Gläubigen nicht betreten dürfen. Sie können im gleichen Raum neben den Mönchen beten, die allenfalls etwas abseits oder erhöht sitzen. Abgesehen davon gibt es keine Trennung.

Wenn es Kommunikation zwischen Mönchen und Gläubigen gibt, soll sie vom Mönch ausgehen. Kontaktbereitschaft symbolisiert er dadurch, dass er in einem bestimmten Bereich sitzt und wartet. Alternativ können die Gläubigen verschiedene Rituale durchführen, etwa Räucherstäbchen anzünden und Blumen ablegen. Ein hermetisch abgeriegeltes Klosterleben existiert in der thailändischen Tradition also nicht – der Buddhismus ist im Alltag omnipräsent und Teil davon.

Ein strenger Lehrer

Ajahn Chahs Ruf eilt ihm voraus. Zum Teil wird er gefürchtet, zum Teil bewundert, vor allem aber gilt er als überaus streng. Seine Methode ist die Askese, mit der er seine Mönche oft an ihre Grenzen bringt. 1966 sucht der erste Mensch aus dem Westen Ajahn Chah auf: der US-Amerikaner Robert Jackman, später Ajahn Sumedho. Ajahn Chah nimmt ihn unter der Bedingung auf, dass er keinen Sonderstatus bekommt und mit allen Rechten und Pflichten am Klosterleben teilnimmt. Im Lauf der nächsten zehn Jahre kommen mehr und mehr Menschen aus dem Ausland in den Wat, darunter auch ehemalige Soldaten, Veteranen des Vietnamkriegs. Mit der Zeit werden es Hunderte. Was zieht sie an diesen Ort?

In Wat Pah Pong beginnt der Tag um drei Uhr morgens, noch vor der Dämmerung, mit Meditation und Gesängen. Um seinen Schülern die Ursachen des Leidens eindrücklich zu vermitteln, bringt Ajahn Chah sie manchmal in extreme Situationen oder trägt ihnen Arbeiten auf, die auf den ersten Blick sinnlos erscheinen. Damit möchte er sie in Geduld, Entschlusskraft und Akzeptanz schulen.

Ajahn Brahm erlebt Dhamma-Reden von Ajahn Chah, die über Nacht stattfinden und sechs bis sieben Stunden dauern können. Und das nach einem langen Arbeitstag, dem unmittelbar der nächste folgen wird und den die Mönche dann todmüde durchstehen müssen. Gefürchtet sind besonders die Sitz-Meditationen, zu denen Ajahn Chah die Mönche gerne versammelt. Sie finden zur heißesten Tageszeit in einer Hütte statt, die Sonne brennt erbarmungslos auf das Wellblechdach. Die Teilnahme ist Pflicht – Decken zu benutzen dagegen freiwillig, wie Ajahn Brahm heute scherzhaft bemerkt.

Warum erlegt Ajahn Chah seinen Mönchen so etwas auf? Was wie überflüssige Schikane aussieht, ist nach seiner Überzeugung ein Training. Es geht, wie so oft in der buddhistischen Lehre, um das Loslassen. Ajahn Brahm lernt in diesen äußerst anstrengenden Stunden, seinen Körper loszulassen. Es gelingt ihm, sich innerlich von seinen physischen Bedürfnissen und Wahrnehmungen zu distanzieren, um ganz in sein Inneres einzutauchen. Davor steht aber in der Tat erst einmal: Leiden. Immer wieder testet Ajahn Chah seine Mönche mit diesen Methoden. Er stößt damit durchaus auf Widerstand und löst manchmal kontroverse Reaktionen aus, viele Mönche diskutieren oder streiten mit ihm, schreien ihn sogar an. Nicht immer ist es einfach, ihren Meister zu verstehen. Sie fühlen sich ungerecht oder mit Willkür behandelt. Aus der Distanz, wenn etwas Zeit vergangen ist, fällt es leichter, Ajahn Chah zu verstehen: Er konfrontiert seine Schüler lediglich mit ihrem Ego und schult sie, damit sie ihrerseits Hingabe und Liebe entwickeln und ihre Intentionen überprüfen können, immer und immer wieder.

Ajahn Brahm erinnert sich an eine Geschichte, die 1977 während Ajahn Chahs und Ajahn Sumedhos Reise nach England passierte. Auch dort versuchten sie, ihre Routine beizubehalten, und so lief Ajahn Chah auf seiner Almosenrunde durch Hampstead, ein zugegeben kurioser Anblick. Ein paar junge Männer fingen an, den in ihren Augen lustig gekleideten kleinen Asiaten zu provozieren und zu beschimpfen. Einer tat so, als würde er Ajahn Chah ins Gesicht schlagen, und verfehlte ihn knapp. Er trat nach ihm und trat daneben. Letzten Endes wollte er Ajahn Chah nur provozieren und ihn zu einer Reaktion zwingen. Aber genau diesen Gefallen tat der Mönch ihm nicht. Er war klug genug, ruhig und friedlich zu bleiben, und das bewahrte ihn davor, tatsächlich geschlagen zu werden. Zurück in Thailand erzählte er, dass England ein sehr guter und interessanter Ort sei und er am liebsten all seine Mönche dorthin schicken würde. Dort würden sie richtig geprüft werden.

Auch Brahm lernt Ajahn Chahs Methoden am eigenen Leib kennen. Als im Kloster Bauarbeiten stattfinden, trägt Ajahn Chah seinen Mönchen auf, einen großen Haufen Erde von einer Stelle an eine andere zu transportieren. Die Männer plagen sich in tropischer Hitze bis zu zwölf Stunden am Tag. Sie schaufeln die Erde in Schubkarren und laden sie um. Nach drei Tagen sind sie endlich fertig – und völlig erschöpft. Was macht ihr Meister? Er sagt im Vorbeigehen beiläufig »Und jetzt schaufelt die Erde da hin!« und zeigt auf eine andere Stelle. Ajahn Brahm, körperlich am Ende, wird von einer Welle aus Ärger überrollt, er verspürt großen Widerstand gegen diese Willkür, denn was sonst könnte es sein? Einer seiner Mitmönche sieht ihm seinen Unmut an und macht ihm klar, dass nicht das eigentliche Schieben der Schubkarre anstrengend ist, sondern allein, dass man darüber nachdenkt.

Es gibt Dinge, die man ohnehin tun muss. Mit unserer Haltung dazu entscheiden wir, wie wir sie wahrnehmen.

Verändert man den Blick auf die Dinge, verändern sich gleichzeitig diese Dinge, so Buddha. Dann haben Qual, Leiden und Unmut ein Ende. Wir können durch bewusstes Handeln unsere eigene Realität schaffen.

Während seiner Zeit in Wat Pah Pong erlebt Ajahn Brahm die Fähigkeiten seines Lehrers hautnah mit. Während sie zusammen im Wald arbeiten, stellt einer der Mönche Ajahn Chah Fragen. Nur für sich im Stillen formuliert Ajahn Brahm ebenfalls Fragen. Plötzlich bemerkt er, dass Ajahn Chah die seinen beantwortet und nicht mehr die des anderen Mönchs. Ajahn Brahm fragt diesen später, ob die Antworten ihres Lehrers für ihn Sinn ergeben hätten. »Überhaupt nicht!«, gibt der andere Mönch zurück. Ajahn Brahm staunt: Kann sein Lehrer Gedanken lesen? Wahrscheinlich nicht – diese Erfahrung macht Ajahn Brahm aber sehr deutlich, dass er und sein Lehrer sich auf einer Wellenlänge befinden und sich fast wortlos verstehen.

Manchmal schickt Ajahn Chah seine Mönche auch unvermittelt auf Ausflüge zu Zweigstellen des Klosters. An einem Tag müssen sie so schnell aufbrechen, dass Ajahn Brahm keine Zeit bleibt, seine Zahnbürste einzupacken. Das Ziel ist eine Eremitage an der Grenze zu Laos. Noch während sie aufbrechen, denkt Ajahn Brahm an seine Zahnbürste und vermisst jetzt schon das saubere Gefühl im Mund. Welchen Sinn hat Ajahn Chahs plötzlicher Befehl? Um Zeitnot und Eile geht es nicht wirklich, sondern vielmehr darum, den Mönchen zu zeigen, wie wenig man eigentlich braucht, und dass man Dinge ansammelt und mit sich herumschleppt, ohne die man wunderbar auskommt. Vielleicht muss es nicht immer so radikal sein. Aber dort, mitten im Wald, kommt Ajahn Brahm tatsächlich auf alternative Methoden, seine Zähne zu putzen … Alles eine Frage der Kreativität.

Das Waldkloster der vielen Länder

1975 verbringt Ajahn Sumedho einige Zeit mit westlichen Mönchen in einem Waldgebiet, das circa eineinhalb Stunden Fußmarsch von Wat Pah Pong entfernt liegt. Die Bewohner des nächsten Dorfs sind der Überzeugung, dass es dort spukt. Als sie sehen, wie unbefangen sich die Menschen aus dem Westen in dem Wald bewegen, wünschen sie sich, dass sie bleiben. Sie laden die Mönche ein, dort ein eigenes Kloster zu errichten.

Als ihm der Vorschlag unterbreitet wird, stimmt Ajahn Chah nach kurzer Bedenkzeit zu. Er rechnet damit, dass immer mehr

Ausländer kommen und nach der Waldtradition leben möchten. Er hat die Idee, für sie einen eigenen Ort zu schaffen, an dem sie, egal, woher sie stammen und welche Eigenheiten und Einstellungen sie mitbringen, einen Platz für ihre spirituelle Entwicklung finden. Die streng an der Waldtradition orientierte Lebensführung und das strikte Befolgen des Vinaya sollen eine gemeinsame Basis schaffen. Unterricht und Lehrreden sollen hier auf Englisch abgehalten werden. Auch einen Namen hat er sich schon ausgedacht: Wat Pah Nanachat, »Kloster der vielen Länder«.

So macht sich unter der Leitung von Ajahn Sumedho eine bunt gemischte Truppe von ungefähr fünfzehn Mönchen aus aller Herren Länder auf den Weg. Ein Berg Arbeit wartet auf sie.

Dort, wo das Kloster entstehen soll, befindet sich noch dichter Wald. Es gibt keinerlei Infrastruktur, keine Wege, auf denen Baumaterial transportiert werden könnte. Wald muss gerodet werden, um überhaupt daran denken zu können, Gebäude zu errichten. Die Mönche campieren einstweilen unter den Bäumen. Tag und Nacht von Moskitos gequält und gepeinigt, ihre Roben von den täglichen Regengüssen durchnässt, gehen sie voller Elan ans Werk. Mit großer Unterstützung von der Dorfbevölkerung beginnen die Mönche mit den Bauarbeiten.

Ajahn Brahm erweist sich als sehr geschickt in handwerklichen Dingen und wird schnell zu einer Art Bauleiter, der die Arbeiten überwacht und kontrolliert. Die zwei Jahre, die er als Mönch in Thailand bleiben wollte, sind inzwischen um. Die Heimreise anzutreten und endgültig nach England zurückzukehren ist für Ajahn Brahm zu diesem Zeitpunkt aber undenkbar.

Mit vereinten Kräften geht es schnell voran, und schon einige Monate später, im Lauf des Jahres 1976, steht die erste Sala von Wat Pah Nanachat, die Meditationshalle. Sie ist auf allen vier Seiten offen und steht leicht erhöht. Säulen tragen ein Dach aus getrockneten Gräsern und Blättern.

Die Hütten der Mönche stehen zum Schutz vor Insekten und Schlangen ebenfalls etwas erhöht. Die Wände sind aus Bambusstangen, die Dächer aus Gras.

Es gibt auf dem Gelände kein fließendes Wasser. Für die Toiletten holen die Mönche täglich Wasser aus einer nahe gelegenen Quelle. Sauberkeit und Hygiene werden großgeschrieben – die gefliesten oder betonierten Böden der Hauptgebäude wischen und kehren die Bewohner von Nanachat fast täglich, ebenso die Wege auf dem Gelände. Die Natur, allen voran die Insekten, fängt sonst sofort an, sich das Land Stück für Stück zurückzuholen.

Die Gebäude Nanachats werden bis heute immer weiter modernisiert und verbessert. Kleine, verschlungene Pfade werden gepflastert, gravierte Steine und Buddha-Statuen aufgestellt. Handgeschriebene Schilder mit Zitaten von Ajahn Chah wie »If you can breathe, you can meditate!« hängen an den Bäumen.

Der Hauptschrein der luftigen Meditationshalle besteht aus mehreren Ebenen mit Buddha-Statuen in verschiedenen Größen. Davor können Mönche und Laien Räucherstäbchen entzünden, Blumen ablegen und meditieren.

Ein makabrer Anblick ist das links vom Schrein in einem Glaskasten aufgehängte Skelett. Selbstmörder dürfen in Thailand nicht wie andere Tote verbrannt werden. Ihre Körper werden aber oft an Klöster gespendet und ihre Skelette ausgestellt – als Symbol der Vergänglichkeit. Das Skelett in Wat Pah Nanachat stammt von einer Frau, die, unheilbar an Krebs erkrankt, Selbstmord begangen hat. Den Körper hat ihre Familie dem Kloster vermacht, wo ihre Tochter das Skelett regelmäßig besucht.

Übersetzung des Vinaya

Als Wat Pah Nanachat gebaut wird, haben viele der Mönche schon eine gewisse Zeit im Wat Pah Pong verbracht und ihre Erfahrungen gesammelt. Bedingt durch ihren Werdegang – einige waren Soldaten, andere Lehrer oder Handwerker – ist ihr Verständnis von einem gemeinschaftlichen buddhistischen Klosterleben, wohlwollend ausgedrückt, entwicklungsfähig. Ajahn Brahm erkennt ziemlich schnell ihren Nachholbedarf und sieht, dass es für eine funktionierende Klostergemeinschaft unabdingbar ist, einen gemeinsamen Verhaltenskodex festzulegen. Er macht es sich zur Aufgabe, den Vinaya, die buddhistischen Klosterregeln, im Detail zu studieren und ins Englische zu übersetzen.

Vinaya

Der Vinaya ist die Verhaltensethik der Mönche. Wörtlich übersetzt bedeutet der Begriff Korb oder Behälter der Disziplin und bildet den ersten Teil des sogenannten Pitaka (Dreikorb). Im Vinaya werden die buddhistischen Ordensregeln gesammelt. Für Mönche gibt es 227 verbindliche Regeln. Novizen müssen am Anfang nur acht bis zehn davon befolgen. Er enthält sowohl Gebote für den Tagesablauf im Kloster als auch Regeln für die Umgangsformen der Mönche untereinander und gegenüber der Laiengemeinschaft.

Jetzt zahlen sich Ajahn Brahms akademische Bildung und seine Lehrertätigkeit aus. Mönch zu sein und gleichzeitig Naturwissenschaftler, das ist für ihn kein Widerspruch. Er hält den

Buddhismus, der dazu aufruft, eigene Erfahrungen zu machen und alles immer wieder zu überprüfen, sogar für die bessere Wissenschaft. Der Buddhismus erlaubt im Gegensatz zur klassischen Wissenschaft auch subjektive Erfahrungen, um zu einer Erkenntnis zu gelangen. Seiner Empfindung nach schauen die Naturwissenschaften durch den Versuch zu objektivieren oft mit sehr engem, mikroskopischem Blick auf die Welt, um nicht zu sagen dogmatisch. Wird in einem Zeitungsartikel ein Wissenschaftler zitiert, wird das für bare Münze genommen. Woher bezieht die Wissenschaft diese Glaubwürdigkeit? Man stelle sich dasselbe bei einem Politiker oder einem Banker vor. Fast automatisch wird der Wissenschaft ein Wahrheitsanspruch zuerkannt, aber auch sie entwickelt sich weiter. Es wird geforscht, behauptet und bewiesen – und oft muss zuvor Gesagtes revidiert werden. Das, was Ajahn Brahm in Cambridge gelernt hat, ist dreißig Jahre später teilweise überholt. Er verlässt sich lieber auf den Dhamma, der seit sechsundzwanzig Jahrhunderten immer wieder überprüft und verifiziert wurde. Im Herzen ist er Wissenschaftler, aber ein viel besserer, als er in Cambridge jemals hätte werden können.

Brahm steckt viel Zeit und Mühe in die Übersetzung. Es lohnt sich: Innerhalb kurzer Zeit erhält er im Kloster viel Anerkennung und wird zu einer Art Vinaya-Beauftragtem. Zudem spricht er inzwischen fließend Thai und Laotisch. Seine englische Übersetzung der Regeln ist mittlerweile weltweit anerkannt und gilt als Grundlage für das buddhistische Klosterleben. Beharrlich studiert er über fünfzehn Jahre lang weiter und kann seinen Ruf als Experte auf diesem Gebiet weit über den internationalen Ajahn Chah Sangha hinaus festigen. Ajahn Brahm wird eine Koryphäe.

Der Alltag im Waldkloster

Das Leben in Wat Pah Nanachat ist wie in seinem Mutterkloster entsprechend dem Vinaya streng geregelt. Es folgt einem weitgehend vorgegebenen Schema, in dem sich Zeit alleine und Zeit in der Gemeinschaft abwechseln. Um drei Uhr morgens beginnt für Ajahn Brahm und alle anderen der Tag. Von halb vier bis fünf Uhr meditieren und singen sie in der Meditationshalle. Danach gehen die Mönche mit ihren Schalen auf Almosenrunde, die sie ins nahe gelegene Dorf Bung Wai führt. Auf einfachen Wegen, die sich im Regen in Schlammpisten verwandeln, laufen die Mönche barfuß an den Menschen vorbei, die am Wegesrand knien und ihnen Speisen in die Schalen legen. Wie schon in Wat Pah Pong landet vor allem eines in der Schüssel: Klebreis. Zurück im Wat wird gegen acht Uhr gegessen. Es ist die einzige Mahlzeit am Tag, danach wird gearbeitet. Am Nachmittag ist Zeit für Meditation. Im Anschluss treffen sich die Mönche gelegentlich, um Tee zu trinken – schweigend. Am frühen Abend versammelt sich die Klostergemeinschaft wieder, um zu singen und zu meditieren. Hin und wieder halten ältere Mönche Dhamma-Reden. Ein Gong markiert das Ende der gemeinsamen Meditation. Danach können die Mönche entweder weitermeditieren oder sich zurückziehen. Nach einem langen Tag schlafen die meisten gegen zehn oder elf Uhr abends.

Das Jahr im Wat unterteilt sich in mehrere Phasen. Ungefähr die Hälfte des Jahrs führen die Mönche ihr normales Klosterleben mit der täglichen Routine.

Während der Regenzeit im Sommer, vom Juli- bis zum Oktobervollmond, wird die Vassa, die Regenresidenz, abgehalten. Die Mönche sollen explizit nicht reisen und umherwandern, sondern die Zeit im Kloster nutzen, um ihre Studien zu vertiefen und ihre

Praxis zu intensivieren. Das Ende von Vassa wird mit verschiedenen Feierlichkeiten und Zeremonien begangen.

Im März und April begeben sich alle Mönche des Klosters in die Einsiedelei Dtao Dam an der Grenze zu Myanmar in Klausur.

Rituale sind ein wichtiger Teil des Klosterlebens. Die einzelnen Wochen untergliedern sich in traditionellen buddhistischen Klöstern nicht in klassische Wochentage, sondern folgen dem Rhythmus des thailändischen Mondkalenders. Ähnlich wie bei uns die Sonntage sind alle Voll- und Neumondtage sowie die Halbmondtage buddhistische Feiertage, Wan Phra genannt. Sie sind von bestimmten Ritualen geprägt. Vor und nach diesen Tagen wird das Kloster besonders gründlich gereinigt, Laienbuddhisten werden eingeladen und nehmen an Dhamma-Reden und Meditationen teil. An Voll- und Neumond rezitieren die Mönche zusätzlich alle 227 Vinaya-Regeln. Rezitation war in Zeiten, in denen Papier knapp war, ein wichtiges Mittel, um Wissen mündlich weiterzugeben.

Die Tage sind ausgefüllt. Die Ausübung ihrer Pflichten macht die Mönche auch körperlich müde. Gar nicht so einfach, täglich dieses Pensum zu erfüllen und dennoch konzentriert zu meditieren und sich dabei nicht von Müdigkeit übermannen zu lassen. Ajahn Brahm kennt das nur zu gut. In den frühen Morgenstunden setzt er sich, gerade aufgestanden, wieder still und mit gekreuzten Beinen auf den kühlen Boden und schließt die Augen. Sein Atem strömt gleichmäßig. Er sammelt und konzentriert sich, und sein Geist wird ruhiger und ruhiger ... Plötzlich schreckt er auf, im Dämmerzustand nimmt er mehr unbewusst denn als Herr seiner Sinne wahr, wie sein Kopf zur Seite gesunken ist. Er ist eingenickt.

Tag für Tag versucht er, gegen die Müdigkeit anzugehen. Es wird nicht einfacher, im Gegenteil. Irgendwann nimmt er ihre permanente Gegenwart hin und akzeptiert, dass das Energieniveau seines Körpers nicht immer gleich ist. Er hört auf, gegen die Müdigkeit anzukämpfen, und spürt einen überraschenden Effekt: Dadurch, dass er ihr weniger Beachtung schenkt, verliert sie an Relevanz. Seine Meditation wird durch sie viel weniger beeinträchtigt. Falls er einschläft, meditiert er danach einfach weiter, ohne Druck. Einem seiner Mitmönche jagt er einmal einen gewaltigen Schrecken ein: Ajahn Brahm meditiert so lang und tief, dass der andere Mönch kurz denkt, er sei gestorben. Ajahn Brahm betont den Unterschied zwischen Müdigkeit und Trägheit. Letztere bringt etwas Dumpfes, Unangenehmes und Unaufmerksames mit sich. Müdigkeit dagegen ist ein normales Körperphänomen, das nichts mit dem Geist zu tun hat und kommt und geht. Ajahn Brahm hat gelernt, sie nicht als Problem zu betrachten und ihretwegen kein schlechtes Gewissen zu haben – in der Meditation braucht man sich nicht zu rechtfertigen, jedenfalls nicht vor anderen. Man macht es einzig und allein für sich selbst.

Einmal hat Ajahn Brahm Zahnschmerzen. Anfangs versucht er, sie zu ignorieren. Aber von Stunde zu Stunde werden sie schlimmer. Stechende Schmerzen schießen durch seinen Kopf, jede Bewegung verursacht unerträgliche Qualen. Die darauffolgende Nacht ist die Hölle. Er macht kein Auge zu, versucht, an etwas anderes zu denken, um den Schmerz zu überlisten. Die Hoffnung auf Linderung schwindet, und weit und breit ist kein Zahnarzt zu finden. Der Wat liegt abseits, und ärztliche Versorgung gibt es auch im nächsten Dorf nur gelegentlich. Ajahn Brahm liegt auf seiner Matte und leidet. Der Schmerz droht, ihn völlig zu übermannen. Was soll er nur dagegen tun? In der nächsten Sekunde begreift er, dass das Verlangen nach Schmerzlosigkeit die Hauptursache seines Leidens ist. Er taucht in den Schmerz ein und akzeptiert ihn.

Langsam entspannt er sich und schläft erschöpft ein. Am nächsten Tag spürt er den pochenden Zahn noch, aber wesentlich schwächer und in einem erträglichen Maß. Ajahn Brahm hat losgelassen.

Loslassen

Unser Glück oder Unglück hängt oft scheinbar entscheidend mit Erfolg oder Misserfolg unserer Unternehmungen zusammen. Daraus erwächst der Drang, an Dingen, Themen und Personen festzuhalten und Einfluss auf sie nehmen zu wollen. Man verfolgt Pläne und strebt nach materiellem Gewinn. Buddha nennt dies Anhaftung und erkennt darin Dukkha, einen der Hauptgründe für das Leiden im Leben der Menschen. Das einzige Gegenmittel ist, die wahre Natur der Dinge zu erkennen und dann – loszulassen. Der Buddhismus kennt verschiedene Wege, dies zu üben. Einer davon ist die Meditation. Die meiste Zeit beschäftigen wir uns mit Problemen bei der Arbeit oder in Beziehungen, mit körperlichen Beschwerden usw. Der Geist soll aber lernen, sich nicht damit zu identifizieren. Ajahn Brahm sagt, man müsse eine Art »Teflon-Geist« entwickeln und diese Themen hinter sich lassen, anstatt immer mehr anzusammeln und mit sich herumzuschleppen. Aber auch er findet, dass es Momente gibt, in denen man besser nicht loslassen sollte. Zum Beispiel als Beifahrer in Indien! Er empfiehlt, nicht aus der Vergangenheit zu lernen, sondern aus der Gegenwart: »The past is un-ifable. You can't if the past.«[9] Es gibt kein »wenn« in der Vergangenheit. Ajahn Brahm beschreibt sie als Gefängniszelle, deren Tür offen steht. Es steht uns frei, einfach hinauszugehen, aber wir tun es zu selten – wir halten daran fest. Genau darum geht es Ajahn Brahm: um ein innerliches Umschalten. Das befreit von Ballast, richtet unsere Aufmerksamkeit auf den Moment. Genauso schwierig ist es,

Gewohnheiten, die man als schlecht oder sogar schädlich erkannt hat, aufzugeben. Auch daran halten wir um der Routine willen und wider besseres Wissen fest.

Krankheit gehört zum menschlichen Leben. Ajahn Brahm sagt sogar, dass es nicht normal ist, nicht krank zu sein. Weil Krankheit oder Altersschwäche irgendwann unausweichlich ist, soll man sich am besten mit seinem Körper beschäftigen, solange er gesund ist. Wenn er erst einmal schmerzt oder krank ist, ist das Unbehagen so dominant, dass es sehr viel schwerer ist, sich davon zu lösen.

Frei von physischen Empfindungen ist man erst, wenn man stirbt. Als junger Mönch erkrankt Brahm am Tsutsugamushi-Fieber, auch Buschtyphus genannt, einer Art Fleckfieber. Unbehandelt verläuft die Krankheit oft tödlich. Brahm ist schwer krank und muss mehrere Wochen im Krankenhaus verbringen. Hohes Fieber, Muskelschmerzen und Hautausschlag quälen ihn. Er ist bettlägerig und dämmert die gefühlt endlosen Tage vor sich hin. Ajahn Chah erschrickt, als er ihn besucht, um ihm dann mit seinem typisch lakonischen Humor zu erklären: »Entweder dein Zustand bessert sich, oder du stirbst.« Als Ajahn Brahm endlich wieder im Kloster zurück ist, fühlt er sich immer noch schwach, aber glücklich. Die Qualen der Krankheit sind verschwunden. Umso mehr lernt er, seinen gesunden Zustand zu schätzen.

Nichts

Das Mutterkloster Wat Pah Pong ist nicht weit von Nanachat entfernt, und so stehen die Klöster in ständigem Austausch. Als die Symptome von Ajahn Chahs Diabetes immer stärker zutage treten, bauen die Mönche ihm in Wat Pah Nanachat nach indischem Vorbild eine Art Sauna. Ajahn Chah sucht sie jede Woche auf. Die Mönche freuen sich auf ihn, weil er davor meistens eine seiner berühmt-berüchtigten Dhamma-Reden hält. Normalerweise muss Ajahn Brahm danach immer noch irgendwelche Dinge erledigen. Bei einem der Besuche verspürt er jedoch ein großes Bedürfnis zu meditieren, um die Inspiration aus Ajahn Chahs Rede mitzunehmen. Er zieht sich in die Meditationshalle zurück und verliert bei der Meditation jedes Zeitgefühl. Fünf Minuten oder eine Stunde? Eine halbe? Er weiß es nicht. Aber sein Geist ist danach ruhig, und er fühlt sich glücklich.

Um zu sehen, ob er Ajahn Chah behilflich sein kann, geht er zur Sauna. Sein Lehrer hat sein Wellnessprogramm schon beendet und kommt ihm zusammen mit einigen Laien entgegen. Ajahn Chah scheint den klaren Zustand seines Schülers zu spüren. Wie er es in solchen Momenten gerne tut, nutzt er diesen lichten Augenblick, um seinem Schüler etwas beizubringen.

Er schaut Ajahn Brahm auf seine unvergleichliche Weise in die Augen und fragt ihn: »Brahmavamso, warum?« »Ich weiß es nicht«, antwortet Ajahn Brahm. Ajahn Chah antwortet lachend: »Wann immer dich jemand das fragt, ist die Antwort: Es gibt nichts. Hast du das verstanden?« »Ja, habe ich«, antwortet Ajahn Brahm. Ajahn Chah geht schon weiter und sagt, ohne sich noch einmal umzuschauen: »Nein, hast du nicht.«

Anatta

Der Begriff Anatta kommt aus dem Pali und bedeutet Nicht-Ich oder Nicht-Selbst. Die Lehre von Anatta ist ein elementarer Bestandteil der Theravada-Tradition. Wenn wir im abendländischen Kulturkreis von einem Ich oder Selbst reden, haben wir oft die Vorstellung von einem uns eigenen, dauerhaften Wesenskern, einer Seele. Die buddhistische Lehre kennt keine Seele. Wir sehen zwar, wie unsere Körper altern und sich verändern, und wir können beobachten, wie wir lernen und wie sich dabei unsere Wahrnehmungen und Vorstellungen wandeln, dennoch haben wir eine Idee von einem individuellen, unveränderlichen Ich. In der buddhistischen Lehre setzt sich dieses (Nicht-) Selbst aus den fünf Skandhas (Anhäufungen), aus Körper, Wahrnehmung, Gefühlen, Geistesformation und Bewusstsein zusammen. Da diese einzelnen Elemente einem ständigen Veränderungsprozess unterliegen, kann es auch kein beständiges Ich geben. Buddha spricht hier von bedingtem Entstehen. Der Mensch ist also das Zusammenspiel dieser verschiedenen, sich ständig verändernden Faktoren und hat damit von Moment zu Moment ein anderes Ich. Einprägsamer: Man ist in jedem Moment ein anderer Mensch. Der Geist fügt die unterschiedlichen Bestandteile aus den jeweiligen Erinnerungen, dem Gedächtnis, zu einem konsistenten Bild zusammen. Die Vorstellung, dass aus diesen unbeständigen Faktoren eine unveränderliche Seele entsteht, erzeugt allerdings einen innerlichen Konflikt und letztendlich unser Leiden. Mit der Lehre von Anatta versuchen die Buddhisten, sich von dieser Vorstellung zu lösen.

Verzicht oder Freiheit

Wieso gehen Menschen in ein Kloster? Wieso erlegt man sich freiwillig viele Einschränkungen auf und lebt ohne alles, was den modernen Menschen scheinbar ausmacht? Materielle Besitztümer, die freie Wahl der Kleidung oder des Essens, der Verzicht auf Sex und Alkohol – gibt man nicht auch sehr viel Freiheit auf?

Für Ajahn Brahm sind das keine Einschränkungen, auch wenn er aus der westlichen Kultur stammt. Er empfindet das Leben im Kloster als die freieste und auch kommunikativste Lebensweise. Und alles, was er erlebt, bestärkt ihn darin. Der Verzicht ist für ihn kein Verzicht, weil er erkannt hat, dass ihn die profanen Dinge beschweren, ihn eigentlich unfreier machen. Denn wohin führen unsere Bedürfnisse, genau betrachtet? Wer Geld verdient, möchte noch mehr Geld verdienen. Wer großen Wert auf Kleidung und Aussehen legt, muss immer auf dem Laufenden bleiben, vergleicht sich mit anderen und läuft Trends hinterher. Kein Accessoire, kein Auto, kein Schulabschluss und keine Fernreise bringen letztendlich Befriedigung, wenn man sie nicht aus sich selbst heraus findet. Denn es ist nie genug, die Befriedigung der menschlichen Bedürfnisse ist immer nur kurzfristig. Das ist eine der Ursachen von Unzufriedenheit, Neid und mangelndem Selbstwertgefühl. Und Leiden kann man als das Gegenteil von Freiheit sehen.

Das alles erkennt Ajahn Brahm. Es fällt ihm erstaunlich leicht, auf weltliche Dinge zu verzichten – mit Ausnahme von ungesundem Essen. Ein Kloster ermöglicht diese spezielle Lebensweise und bietet dafür einen geschützten Raum. Individuen mit dem gleichen Interesse an spiritueller Entwicklung schließen sich zusammen, befolgen eine Lehre, richten ihr Leben nach bestimmten Regeln aus und arbeiten zusammen für die Gemeinschaft. Das Kloster und die Gemeinde stellen ihnen die materiellen Dinge zur Verfügung, die sie benötigen. Ihr Sangha bietet ihnen Zusammengehörigkeit, Freiheit und Schutz gleichermaßen.

Die Entscheidung für ein solches Leben macht es aber nicht unbedingt leichter. Die Klosterregeln geben Struktur, andererseits verlangen sie den Ordensbrüdern auch enorme Disziplin ab. Buddhistische Mönche empfinden Gefühle wie Freude, Angst, Trauer und Glück genauso wie die Menschen außerhalb der Klostermauern. Sie lernen mit der Zeit aber, anders damit umzugehen, und erkennen die Automatismen und Muster hinter dem menschlichen Verhalten. Sie wissen: Alles ist ein Prozess, eine stetige Entwicklung mit Fort- und Rückschritten.

Besonders schwierig ist es, sich nicht mit anderen zu vergleichen. Wenn sich ein Mensch mit einem anderen vergleicht, entsteht eine Wettbewerbssituation – man überprüft, wer besser, schöner, schneller, klüger etc. ist. Diese Konkurrenz kann durchaus fruchtbar sein und die Entwicklung fördern. Sie kann aber auch Quell von Gefühlen wie Unzufriedenheit und Missgunst sein, vor denen auch Mönche nicht gefeit sind. Natürlich tragen alle die gleichen Kutten, führen ein ähnlich entsagungsreiches Leben, aber trotzdem geraten sie leicht in Versuchung, ihren jeweiligen spirituellen Status zu bewerten und zu vergleichen.

Auch Ajahn Brahm macht diese Erfahrung als junger Mönch in Wat Pah Nanachat, als er die Privilegien der älteren Mönche sieht. Er empfindet es als ungerecht, dass sie weichere Kissen für die Meditation haben, automatisch das bessere Essen bekommen, obwohl sie ohnehin schon dick genug sind, und niemals Schubkarren mit Erde durch die Gegend fahren müssen. »Ich Armer, diese Glücklichen!«, denkt er sich. Er hat die klassischen Probleme eines Juniormönchs.

Jahre später, als er in der Hierarchie aufgestiegen ist, blickt er mit etwas Sehnsucht auf die Unbeschwertheit der jungen Mönche. »Wie gut die es haben! Sie müssen keine Dhamma-Reden halten, sich nie die Probleme der Leute anhören und Stunde für Stunde mit Papierkram verbringen. Ich Armer, diese Glücklichen!«, sagt er bei sich – erinnert sich und versteht. Zwar sitzt er mittlerweile auf weicheren Kissen und bekommt besseres Essen. Auch Schubkarren muss er nur noch selten schieben, es sei denn, er möchte das tun. Aber davon frei zu sein verschafft ihm keine Befriedigung mehr, obwohl er zu einer anderen Zeit alles dafür gegeben hätte.

Was ist geschehen? An die Stelle der Probleme des Juniormönchs sind die des Seniormönchs getreten. Nach wie vor sind es Probleme, nur andere. Er begreift, dass es ein Irrglaube ist zu meinen, es gehe einem besser, wenn man jemand anderes sei. So löst man natürlich keine Probleme, man tauscht sie nur gegen andere ein. Verheiratete haben die Schwierigkeiten von Verheirateten, Singles die von Singles. Der Manager beneidet manchmal den Pförtner, an dem er täglich vorbeikommt, und umgekehrt. Verändert sich die Situation, ändern sich auch die Probleme. Ich Armer – diese Glücklichen. Nur eines ist sicher: Man wird immer auf Schwierigkeiten im Leben stoßen, aber wenn man mit der Person, die man im Moment ist, Frieden schließt, fällt es einem sehr viel leichter, diese Probleme als die eigenen anzunehmen und anzugehen.

Das Luxus-Meditationskissen

Bedürfnisse sind immer da. Wann ist man zufrieden? An einem Beispiel verdeutlich: Wann wäre ein Meditationskissen perfekt? Ein Kissen zu haben ist sicher besser, als kein Kissen zu haben. Aber ein weicheres Kissen ist natürlich angenehmer. Die Kette lässt sich endlos fortsetzen. Wenn es ein Luxus-Meditationskissen zu kaufen gäbe, das einen sanft in die Meditation wiegt und quasi von selbst meditiert, würde man genau das haben wollen. Und wäre man dann zufrieden? Wohl kaum.

Umgekehrt gilt auch: Unerwünschte Dinge loszuwerden gelingt nur begrenzt. Solche Gedanken kennt fast jeder: »Wie schön wäre es doch, wenn Kollege XY aus meinem Leben verschwinden würde! Tagein, tagaus geht er mir auf die Nerven und stört mich. Wie schön und einfach wäre die Arbeit ohne ihn.« Aber würde es das wirklich besser machen? Oder würde nicht vielmehr sofort der nächste Störfaktor auftauchen? Auch diese Kette ist unendlich fortsetzbar.

Ajahn Brahm beobachtet im Lauf der Zeit viele solcher Prozesse. Die Muster wiederholen sich unabhängig von der Person, sie scheinen universell zu sein. Auch die Ratsuchenden, die ins Kloster kommen, haben immer die gleichen Fragen. Ajahn Brahm kommt zu dem Schluss: Die langfristig wirksame Abhilfe ist Akzeptanz und der Versuch, in Harmonie mit sich und seiner Umwelt zu leben. Damit hat man eine Chance, glücklich und zufrieden zu werden.

Angst

Ajahn Brahm sitzt mit geschlossenen Augen im Schneidersitz unter einem Baum im weitläufigen Garten von Wat Pah Nanachat und meditiert. Bis auf die sanften Geräusche der Natur ist es friedlich und still. Er hört, wie die Blätter leise im Wind rauschen, ab und zu zwitschern Vögel. Nach und nach versinkt er in die Beobachtung seines Atems. Er ist konzentriert und versucht, den Wahrnehmungen seiner Sinne keine Beachtung mehr zu schenken.

Es gelingt ihm gut, bis er ein Rascheln in seiner Nähe hört. Er versucht, es zu ignorieren. Mit Erfolg, es verschwindet. Er beginnt, sich wieder auf seine Atmung zu konzentrieren. Plötzlich raschelt es wieder. Was könnte das sein? Ajahn Brahms Gedanken beginnen, dieser Frage nachzugehen. Ein Vogel? Eine Schlange? Immer wieder werden hier Kobras gesichtet. Vielleicht lauert sogar ein Tiger, der in diesen Wäldern gar nicht so selten ist? Seine Ruhe ist dahin, die Konzentration wie weggeblasen. Das Rascheln hält an. Hört er da nicht noch etwas anderes atmen, ganz in seiner Nähe? Seine Sinne sind überreizt, die Gedanken galoppieren wild, und er beginnt zu schwitzen. Schließlich ist er ganz abgelenkt und kann nicht anders, als die Augen zu öffnen.

Und er sieht, dass ihm sein Geist und seine Sinne einen Streich gespielt haben. Kein Tiger sitzt vor ihm und bereitet sich auf den Sprung vor, keine Schlange windet sich durch das Gras. Lediglich eine Maus raschelt geschäftig in den Blättern herum. Sein Geist hat aus den Geräuschen des kleinen Tiers buchstäblich einen Elefanten, etwas Riesiges und Gefährliches gemacht. Ajahn Brahm hatte Angst. Nicht, weil die Situation objektiv gesehen vielleicht gefährlich war, sondern weil er sich täuschen ließ. Weil er seine Gedanken in die Zukunft richtete, anstatt präsent zu bleiben. Im Gegensatz zur Gegenwart kann man Zukunft (und Vergangenheit) nicht beeinflussen. Angst ist menschlich und ein Erbe der Evolution, das vor möglichen Gefahren warnt. Ajahn Brahm weiß das und ist davon überzeugt, dass man den Geist schulen kann. Aus Angst und Panik wird so im besten Fall Respekt. Ein Zustand, der uns auch in Gefahrensituationen besonnen reagieren lässt.

Er erkennt ein Muster: Der Mensch, mit Bewusstsein und Intellekt ausgestattet, beschäftigt sich vorzugsweise mit Vergangenheit oder Zukunft – und das nur selten mit positiver Einstellung. Wir vergessen dabei, dass wir gar keinen Einfluss auf die Vergangenheit nehmen können. Und auch die Zukunft entzieht sich größtenteils unserer Kontrolle. Wir können allenfalls versuchen, ihr eine ungefähre Richtung zu geben. Unser Geist jedoch springt wie ein wild gewordener Affe hin und her und erlaubt uns vor allem eines nicht: im Moment zu sein und zu bleiben. Dabei ist das der einzige Zeitraum, den wir einigermaßen gestalten können. Auch in der Gehirnforschung und der Psychologie spricht man von Gegenwart und Gegenwartsmomenten. Die Zeitspanne, die wir als Gegenwart empfinden, wird hier mit ungefähr drei Sekunden angegeben. Und genau dieser »Augenblick« ist der Moment, in dem wir tatsächlich handlungsfähig sind.

Wie man jetzt handelt, die Entscheidungen, die man im Hier und Jetzt trifft, beeinflussen unsere Zukunft. Das ist – kurz gesagt – Karma. Machen wir den Fehler, uns als Opfer der Umstände zu sehen, nehmen wir uns auch jede Gestaltungsmöglichkeit. Nicht andere, nur wir selbst können uns aus einem Dilemma befreien. Oder, frei nach Einstein: In der Mitte von Schwierigkeiten liegen auch jede Menge Möglichkeiten.

Thudong: alleine unterwegs

Nach seinem fünften Vassa hat Ajahn Brahm das Bedürfnis, ein Thudong anzutreten. Brahm bittet Ajahn Chah um Erlaubnis. Er bekommt eine für seinen Meister typische Antwort: »Wenn du gern wandern gehen willst, dann laufe um das Kloster herum!«

Thudong

Während eines Thudong reisen die Mönche von Ort zu Ort, ihre Nachtlager schlagen sie dabei in der Wildnis auf. Sie suchen Rückzugsorte in den Wäldern und müssen sich an die dreizehn Regeln von

Thudong halten. Diese Wanderschaft dient der Läuterung und spirituellen Weiterentwicklung. Man verlässt die gewohnte Umgebung und begibt sich auf eine Entdeckungsreise zu sich selbst. Buddha fasst unter dem Begriff Thudong dreizehn asketische Praktiken zusammen, die die Mönche sehr fordern, wie etwa im Sitzen zu schlafen. Einige Thudong-Regeln sind bereits Teil des Lebens in Theravada-Klöstern. Teils sind sie optional oder müssen nur zeitweise befolgt werden, zum Teil sind sie über die ganze Zeit der Wanderschaft verpflichtend. Dazu gehört beispielsweise auch, nur ein Mal am Tag zu essen.

Ajahn Chah lässt Ajahn Brahm trotzdem gehen. Er ist mehrere Monate unterwegs. Sein Weg führt ihn zu berühmten Meditationslehrern, zum Beispiel Ajahn Tate und Ajahn Maha Boowa. Ajahn Tate beeindruckt ihn besonders: Der kleine alte Mann sitzt auf einer Art Thron in einer riesigen Halle, einem Geschenk des thailändischen Königs, in der man ihn auf den ersten Blick gar nicht wahrnimmt. Von den vielen Fragen, mit denen Ajahn Brahm in das Kloster gekommen ist, stellt er keine einzige. Als er dem alten kleinen Mönch gegenübersitzt, steigt wie aus dem Nichts eine Erkenntnis in ihm auf: Es ist sinnvoller, die Antworten auf eigene Faust zu finden, als einen anderen zu befragen. Der lächelnde Ajahn Tate bestätigt, dass das genau die richtige Einstellung sei.

Ajahn Brahm besucht einige Klöster, verbringt aber die meiste Zeit in völliger Einsamkeit. Er ist manchmal mutterseelenallein an teils furchteinflößenden Orten, in Wäldern, in Höhlen. Nachts bietet ihm ein mit Moskitonetz bespannter Schirm, den er an Ästen befestigt, Schutz vor Insekten. Kilometerweit um ihn herum gibt es keine anderen Menschen. Obwohl er sich in völliger Ruhe und Abgeschiedenheit befindet, sind seine Gedanken wilder als je zuvor. Er versucht, sie zu beherrschen. Was er erreicht, ist genau das Gegenteil von dem, was er möchte: die komplette Rebellion seiner Gedanken, sie sind mächtiger als vorher. Er experimentiert. Jeden Tag nimmt er sich eine Stunde Zeit, nur um nachzudenken und seine Gedanken unkontrolliert umherschweifen zu lassen. Danach meditiert er wieder. Es funktioniert – in ihm wird es endlich still.

Auf seiner Thudong-Reise entdeckt Ajahn Brahm einen besonders idyllischen Streifen Wald mit kleinen Teichen unter einem grünen Blätterdach. Ein wunderschöner Ort, friedlich und zauberhaft. Er verbringt dort einige Zeit. Eines Tages sieht er mit Entsetzen, dass die Bewohner des nächsten Dorfs begonnen haben, den Wald zu roden. Bäume werden gefällt, der Rest abgebrannt, um neues Ackerland zu schaffen. Ajahn Brahm spürt, wie Zorn in ihm aufsteigt. Er spürt eine hilflose Wut angesichts der Zerstörung dieses perfekten Orts, den er in den Tagen zuvor lieb gewonnen hat. Er ist selber überrascht über diese intensive Reaktion und befasst sich genauer damit. Wut wird im Buddhismus als zeitweises Entgleisen, als Kontrollverlust gesehen. Reagiert jemand wütend, gilt er als vorübergehend geistesgestört: Sein Verhalten sollte man nie auf sich beziehen. Ajahn Brahm hat hierzu ein Gleichnis gefunden:

Ein Mann wird von seiner Frau ausnahmsweise auf den Markt geschickt, damit er Eier kauft. Er kommt empört zurück, aufgebracht und – ohne Eier. »Stell dir vor, da hat mich einer auf dem Markt einfach übel beschimpft und als hässliches und stinkendes Kamel bezeichnet!« Er ist fassungslos und sehr beleidigt. Seine Frau, die normalerweise die täglichen Einkäufe erledigt, lacht und klärt ihn auf: Dieser Mann hatte vor Jahren einen schweren Unfall und leidet seitdem an den Folgen eines Hirnschadens. Seine Beschimpfungen sind wahllos und notorisch.

Was kann man daraus lernen? Nicht alles sofort auf sich zu beziehen.

Menschen, die unangemessen reagieren, schimpfen oder provozieren, sind allgegenwärtig. Man darf umgekehrt aber nicht vergessen, dass auch wir diese Rolle für andere spielen. Eine milde, vergebende Einstellung steht für Ajahn Brahm an erster Stelle. Was keineswegs bedeutet, dass man sich alles gefallen lassen muss. Ajahn Chah hat seinen Mönchen gerne die Geschichte vom Soldaten und dem Rikscha-Fahrer erzählt:

In Ubon, der nächstgrößeren Stadt bei Wat Pah Pong, befindet sich nach dem Ende des Vietnamkriegs noch lange eine US-amerikanische Militärbasis. Soldaten sind Teil des Stadtbilds, aber bei der Bevölkerung nicht sehr beliebt. Ein Soldat heuert einen der unzähligen Rikscha-Fahrer an, um sich durch die Stadt fahren zu lassen. Sie kommen an einem kleinen Imbiss vorbei, vor dem Freunde des Rikscha-Fahrers sitzen. Dem Vorbeifahrenden rufen sie lachend hinterher: »Na, wo fährst du diesen schmutzigen Hund denn hin?« Der Fahrer wirft einen Blick auf seinen Fahrgast, ob der etwas davon verstanden hat? Aber der sitzt da und grinst, er kann sicher kein Thai. Weiterstrampelnd ruft er über die Schulter seinen Freunden zu: »Ich fahre diesen Hund zum Fluss, damit er endlich mal sauber wird!« Sie lachen. Am Ziel angekommen, steigt der Amerikaner aus und geht einfach weg. »He«, ruft ihm der Fahrer hinterher, »Sie müssen mich noch bezahlen!« Der Soldat dreht sich um und sagt: »Nein, muss ich nicht. Hunde haben kein Geld.«

Gemeinheit und Boshaftigkeit gibt es im täglichen Leben fast überall. Ob gerechtfertigt oder grundlos, wir können sie weder verhindern noch unterliegen sie unserer Kontrolle. Das Einzige, was wir in der Hand haben, ist unsere Reaktion darauf. Man kann ärgerlich und unfreundlich werden – oder es einfach zur Kenntnis nehmen und dabei belassen. Ajahn Brahm empfiehlt als gute Übung und Gegenmittel, so lange zu suchen, bis man an seinem »Feind« etwas Schönes entdeckt. Das kostet zuerst einmal Überwindung, aber es lohnt sich. Ajahn Chah sieht das ähnlich pragmatisch: Wenn einen jemand als Hund beschimpft, soll man sich über die Schulter blicken und nachschauen, ob man einen Schwanz hat. Sieht man keinen, kann man auch kein Hund sein. Und das Problem ist gelöst.

Abstand zu schaffen ist nicht immer einfach. Ajahn Brahm motiviert dazu, einen Blick über den Tellerrand hinauszuwagen oder es wenigstens zu versuchen. Es geht darum, zwischen sich und der Person, auf die man wütend ist, Abstand zu schaffen beziehungsweise eine gesunde Distanz zur wütenden Reaktion eines anderen, um sich weniger mit eigenen oder fremden Emotionen zu identifizieren.

Brahm bringt gerne folgendes Beispiel: Wird man als Idiot bezeichnet oder erntet man herbe, vielleicht ungerechtfertigte Kritik, soll man sich am besten nicht weiter damit beschäftigen. Wendet man die Angelegenheit hin und her und denkt sich »Wieso nennt der mich Idiot? Ich bin doch kein Idiot. Schon ewig hat keiner mehr Idiot zu mir gesagt …«, dann fällt noch einige Male das Wort Idiot. Zwar nur in Gedanken, aber für Buddhisten und auch für unser Gehirn macht das keinen Unterschied.

Im Fall des gerodeten Waldes räsoniert Ajahn Brahm lange über seine Reaktion. Nachdem seine erste Wut verraucht ist und seine Emotionen sich beruhigt haben, gewinnt er Abstand und sieht, dass er über manche Dinge einfach keine Macht hat. Er kann sie nur hinnehmen. Jede emotionale Reaktion darauf ist sinnlos.

Zahn um Zahn?

Als im Jahr 2001 die Taliban in Afghanistan im Hochtal von Bamiyan die über tausend Jahre alten, in den Fels geschlagenen Buddha-Statuen aus vorislamischer Zeit sprengten, war die Welt entsetzt. Die Reaktion der Buddhisten war völlig klar: Sie erlaubten sich keinerlei Rachegefühle gegenüber Tat und Tätern, denn das hätte bedeutet, dass es den Taliban nicht nur gelungen wäre, die Symbole des Buddhismus zu zerstören, sondern auch seine Botschaft. Diese Botschaft besteht seit über 2500 Jahren und wird alle Symbole, die sie darstellen, überdauern.

Buddha lehrt, gegen negative Gefühle wie Eifersucht, Wut, Schuldgefühle oder eben Rache in den Widerstand zu gehen. Sie blockieren uns, bringen nichts Positives. Deshalb soll man die Kettenreaktion von Negativem unterbrechen. Hier noch ein Beispiel: In den Medien wurde von einem US-amerikanischen Soldaten in Guantanamo berichtet, der angeblich versucht hatte, einen Koran in der Toilette hinunterzuspülen. Danach gefragt, wie er reagieren würde, sollte jemand dasselbe mit buddhistischen Schriften tun, antwortet Ajahn Brahm: »Einen Klempner rufen!«

Wiedersehen in England

Ajahn Brahm lebt schon mehr als sieben Jahre in Thailand, als der Wunsch immer stärker wird, seine Familie wiederzusehen. Er vermisst seine Mutter, seinen Bruder und England. 1982 fliegt er endlich nach London. Er fragt sich besorgt, wie seine Mutter auf ihn reagieren wird. Seine Erscheinung und auch er selbst haben sich schließlich sehr verändert. Westeuropäer, die sich für ein Leben in einem thailändischen Kloster entschieden haben, sind in den 1980er-Jahren noch eine Seltenheit. Er überlegt, ob sie wohl mit ihm zusammen gesehen werden möchte oder ob sie sich für ihn schämt und ihn nicht für normal hält. Ganz losgelöst von diesen emotionalen Bindungen ist er trotz seines schon einige Jahre währenden Mönchseins also nicht … Eine zutiefst menschliche Reaktion. Seine Mutter ist immer noch einer der wichtigsten Menschen in seinem Leben, und er möchte von ihr natürlich geliebt werden.

Kaum hat Brahm wieder Londoner Boden unter den Füßen und sieht seine Mutter Hazel wieder, lösen sich all diese Befürchtungen in Luft auf. Sie akzeptiert ihn nicht nur, sie ist sogar stolz auf ihn. So stolz, wie eine Mutter auf ihr Kind nur sein kann. Sie nimmt ihn ganz selbstverständlich überallhin mit. Beim Friseur stellt sie ihn vor: »Das ist mein Sohn, der Mönch!« Die Jahre im thailändischen Kloster haben ihn nicht seiner Familie entfremdet. Er erinnert sich an die Begebenheit mit seinem Vater im Auto und spürt, wie schon als Kind, die bedingungslose Liebe, die ihm entgegengebracht wird – auch wenn er mittlerweile seltsame Kleidung trägt, geschorene Haare hat und ein Leben weitab der englischen Norm führt. Wie konnte er je daran zweifeln?

Die Engländer sind trotzdem für die eine oder andere Überraschung gut. Als Brahm nach Stoke on Trent fährt, um Freunde zu besuchen, ist er etwas verwundert, dass andauernd Leute mit dem Finger auf ihn zeigen und lachen. Bis er an einem Zaun ein Plakat hängen sieht, auf dem ein Zirkus Werbung für sein Gastspiel in der Stadt macht. Man hält ihn wohl für einen Clown.

Zurück in der Wohnung seiner Mutter in London, klingelt einmal eine Bettlerin an der Tür und bittet um Geld. Als seine

Mutter sie abwimmeln will, droht die alte Frau, sie zu verfluchen. Ajahn Brahm kommt an die Tür und erklärt, dass buddhistische Flüche weitaus stärker seien als die ihren ... Anscheinend ist der Aberglaube der Frau wirklich stark, oder sie ist sich ihrer Kräfte doch nicht so ganz sicher, denn sie sucht das Weite.

Abgesehen von der vertrauten Umgebung seiner Familie ist der Besuch doch ein Kulturschock für Ajahn Brahm. Er bewegt sich nicht mehr so selbstverständlich durch London wie zuvor. Sein weltliches Leben liegt weit zurück. Er ist nicht mehr der junge Student und Lehrer, wie seine Erinnerung ihm vorgaukelt – aber er ist mit dieser Veränderung vollkommen glücklich.

AUSTRALIEN

Magnolia Street und Serpentine

Als Ajahn Brahm von seiner Heimatreise zurückkehrt, erwarten ihn große Neuigkeiten. Ajahn Chah ist von der BSWA, der Buddhist Society of West Australia, gebeten worden, nach Perth zu kommen, um dort zu lehren und einen weiteren Ableger seines Waldklosters aufzubauen. Skeptisch, was einen buddhistischen Mönch in Westaustralien erwartet, und selbst schon viel zu alt und nicht mehr zu solch anstrengenden Abenteuern in der Lage, lässt er sich mit seiner Entscheidung fast ein Jahr Zeit. Schließlich schickt er den in Melbourne aufgewachsenen Ajahn Jagaro auf diese Mission nach Australien. Als Unterstützung begleitet ihn der in Australien geborene Puriso.

Ajahn Chahs Vorbehalte sind durchaus berechtigt. Während Mönche in Thailand ein relativ hohes Ansehen innerhalb der Bevölkerung genießen und sich auf Lebensmittelspenden und Wohlwollen verlassen können, lernen sie in Perth einen gänzlich anderen Umgangston kennen. Die Australier sind den Anblick dieser seltsam gewandeten Menschen schlicht nicht gewohnt, und so begegnen sie den beiden, freundlich ausgedrückt, argwöhnisch. Die Mönche werden auf der Straße regelmäßig beschimpft und verbringen manchmal mehrere Tage ohne Lebensmittelspenden. Schlimmer noch, sie müssen sich sogar tätlicher Angriffe erwehren. Vereinzelt werden sie auf ihren Almosengängen mit Steinen beworfen. Für die Mönche ist das zwar eine gute Übung, aber auch zermürbend. So verwundert es nicht, dass Ajahn Puriso nach einiger Zeit den Wunsch äußert, nach Thailand zurückzukehren. Ajahn Chah bittet den frisch aus England zurückgekommenen, vielleicht auch etwas robusteren Ajahn Brahm, die schwierige Aufgabe als zweiter

Mönch in Perth zu übernehmen und Jagaro beim Aufbau des Klosters zu unterstützen.

Dieser Wunsch ist Ajahn Brahm Befehl; im März 1983 kommt er in Perth an. In einem kleinen Vorstadthäuschen in Nord-Perth richten er und sein Mitstreiter vorübergehend ihr Vihara, ihre buddhistische Zufluchtsstätte, ein. Ihre Aufgabe ist, in Perth ein richtiges Waldkloster im Stil von Wat Pah Nanachat aufzubauen. Das geht in den beengten Vorstadtverhältnissen der Magnolia Street natürlich nicht. Aber hier haben sie einen ersten Ort, um Dhamma-Reden zu halten und ihr Vorhaben voranzubringen.

Die finanziellen Mittel sind wieder einmal ziemlich knapp, und die Suche nach einem geeigneten Ort für ihr Kloster gestaltet sich schwieriger als erwartet. Bis sie eines Tages eher zufällig von einem Stück Land in Serpentine hören, das vor Jahren zum Verkauf gestanden und damals keinen Käufer gefunden hat.

Sie machen sich auf den Weg zu dem Eigentümer, und der ist tatsächlich immer noch gewillt, die fast vierzig Hektar Buschland zu verkaufen. Leider übersteigt der Preis die finanziellen Mittel der Mönche bei Weitem. Eher aus Verzweiflung machen die beiden Männer in Ocker ein Gegenangebot. Ihr gesamtes Budget und mehr, aber immer noch viel zu wenig, um auch nur annähernd ernst genommen zu werden. Was für eine Überraschung, welche Freude, als ihnen mitgeteilt wird, dass der Verkäufer ihren Preis akzeptiert. Endlich haben sie den Platz für ihr Kloster gefunden – es wird nach dem Orden von Ajahn Chah Bodhinyana genannt. Übersetzt bedeutet Bodhinyana: die Weisheit der Erleuchtung. Es wird das erste geweihte buddhistische Kloster in der südlichen Hemisphäre.

Bodhinyana, ein Buschkloster

Fast, denn einen kleinen Haken hat die Geschichte. Die Mönche haben jetzt vierzig Hektar australisches Buschland, etwa so groß wie fünf Fußballfelder und ungefähr eine Stunde südlich von Perth, perfekt gelegen. Nur, es gibt kein Haus, kein einziges Gebäude bis auf einen alten heruntergekommenen Unterstand für Schafscherer. Durch die vielen Jahre in Thailand sind Entbehrungen beiden Mönchen nicht fremd, und sie wissen, es gibt immer nur das Heute. Voller Tatendrang ziehen sie sofort in ihr neues »Kloster«. Ajahn Brahms erstes Bett steht im Freien: eine alte Holztür, die er zum Schutz vor Schlangen auf vier Ziegelsteine legt. Das gemeinsame Badezimmer ist ein kleiner Bach. Fließendes Wasser immerhin. Buddhistischer Luxus.

Ihre finanziellen Mittel sind allerdings völlig erschöpft, und Spenden kommen in dieser Zeit nur spärlich. Es bleibt ihnen also nichts anderes übrig, als sich selbst an die Arbeit zu machen. Oder besser, sie beauftragen die BBC, die Buddhist Building Company, in Gestalt von Ajahn Brahm und Ajahn Jagaro.

Stein für Stein, Balken für Balken entstehen die ersten Klostergebäude. Alle Materialien werden günstig aus zweiter und dritter Hand erworben. Aus Brahms Tür, die ihm als improvisiertes Bett dient, wird bald ein Zelt und schließlich ein umgebauter Wassertank mit einer echten Tür, einem Fenster und einem festen Dach. Ohne die Erfahrungen beim Bau von Wat Pah Nanachat stünde der studierte Physiker wohl auf verlorenem Posten und das Kloster wahrscheinlich immer noch nicht. Brahm und Jagaro mauern, zimmern, klempnern voller Elan und mit einer Hingabe, wie es nur Mönchen möglich ist. Meditation sei Dank. Schnell gewinnen sie neue Mitstreiter. Die Klostergemeinschaft von Bodhinyana beginnt zu wachsen. Neue Mönche aus Australien, Europa und Asien kommen hinzu, genauso wie Anagarikas und Laien.

Die guten Fehler

Wo gehobelt wird, fallen Späne, oder auch: Wo gearbeitet wird, passieren Fehler. Die BBC baut und baut und leistet Erstaunliches. Als Ajahn Brahm eine Mauer hochgezogen und dabei etwa tausend Ziegelsteine verbaut hat, begutachtet er nach einigen Tagen sein Werk. Zwei schief gesetzte Ziegel fallen ihm ins Auge. Wütend auf sich und seine Nachlässigkeit hadert er: Wie soll er jemals weiterkommen und ein guter Mönch werden, wenn er nicht einmal eine simple Mauer ordentlich hinbekommt? Um seinen Fehler zu korrigieren, ist es schon zu spät, die Ziegel sind gesetzt und der Mörtel getrocknet. Am liebsten würde er die ganze Mauer niederreißen und von vorn beginnen. In der folgenden Zeit gelingt es Ajahn Brahm nie, an dieser Mauer vorbeizugehen, ohne einen Blick auf diese zwei Ziegel zu werfen, auf diese irdenen Zeugen seiner augenscheinlichen Unzulänglichkeit. Dabei übersieht er die 998 Ziegel, die er sauber und korrekt gesetzt hat.

Eines Tages kommt ein Besucher ins Kloster, der ausgerechnet das Gebäude mit dieser Wand lobt. Ajahn Brahm fragt ihn leicht gereizt, ob er vielleicht seine Brille zu Hause vergessen habe und ob er denn die Fehler nicht sehen könne. Der Besucher antwortet: Doch, aber ich kann auch all das sehen, was gelungen ist. Ajahn Brahm stutzt, und er versteht: Nicht nur beim Bau dieser Mauer, eigentlich bei allem, was wir machen, konzentrieren wir uns mehr auf die Fehler, auf das Negative anstatt auf unsere

Erfolge. Unser strenger Blick registriert jede Unvollkommenheit, jedes nicht ganz so wohlgeratene Detail. Alles gut oder gut genug Gelungene gerät dabei in Vergessenheit. Brahm erkennt das, rät zu weniger und zu milderer Selbstkritik und dazu, mit wohlwollendem Blick alles Erreichte, all unsere Erfolge und unsere glücklichen Momente zu betrachten und das positive Gefühl, das sich dann unweigerlich einstellt, dankbar zu genießen.

Ajahn Brahm versucht, uns von der Angst, Fehler zu machen, zu befreien. Zu den grundlegenden Privilegien des Menschen zählt er, dass man krank sein und Fehler machen darf. Er nennt es »Forward Failing«, eine natürliche Form des Lernens. Das befreit von Angst, Handlungsunfähigkeit und Schuldgefühlen. Eine positivere Auslegung von Samuel Becketts berühmten Worten: »Immer versucht. Immer gescheitert. Einerlei. Wieder versuchen. Wieder scheitern. Besser scheitern.«

Ajahn Brahm lernt und lehrt vieles durch eigene Erfahrungen. Im Waldkloster in Thailand, dieser reduzierten Umgebung mit wenig Reizen, kann er die eigenen Verhaltensweisen und die anderer Mönche über neun Jahre lang beobachten. Er lernt dort den menschlichen Körper genauso kennen wie den Geist mit all seinen Vorzügen und Tücken. Er wird zu einem profunden Kenner des menschlichen Lebens und Leidens und fühlt sich allmählich auf dem Weg, ein echter Lehrer zu werden und seine Erfahrungen an andere weitergeben zu können.

Die harte Zeit während des Klosterbaus hat noch einen anderen Nebeneffekt. Die anfangs misstrauischen Australier sehen, wie fleißig die Mönche arbeiten. Sie erleben, wie ihre Taten und Worte Hand in Hand gehen. Sie bewundern ihre Einfachheit und Ehrlichkeit. Und ganz allmählich beginnt das Interesse zu wachsen und damit auch das Spendenaufkommen. Dennoch bleiben sie nach wie vor auf personelle und finanzielle Unterstützung aus Thailand angewiesen.

In den ersten Jahren nehmen die Bauarbeiten den größten Teil ihrer Zeit in Anspruch. Acht Stunden harte Arbeit auf ihren Baustellen sind völlig normal. Im Anschluss wird meditiert, und auch ihre sonstigen Verpflichtungen müssen erledigt werden. Das sind enorme Belastungen. Vielleicht zu große, denkt sich Ajahn Brahm das eine oder andere Mal. Wächst ihnen das Projekt vielleicht über den Kopf? Er nimmt die Aufgabe sportlich und beschließt, dass es von ihm keine Klagen geben wird, bis er auch die letzte Minute seiner knappen freien Zeit sinnvoll genutzt hat. Seine Klagen sind bis heute ausgeblieben.

Ajahn Brahm macht die Erfahrung, dass ihm die Meditation durch die harte Arbeit sogar leichter fällt, er schneller Samadhi erreicht. Am Ende eines anstrengenden Tages ist sein Körper erschöpft, und er spürt jeden einzelnen Muskel. Gleichzeitig spürt er aber auch eine tiefe Zufriedenheit und ist stolz auf sein Tagwerk. Das sind beste Vorraussetzungen, um seinen Geist zu sammeln und ihn im Hier und Jetzt zur Ruhe zu bringen. Samadhi.

Ajahn Jagaros Sabbatical

Die Zeit vergeht wie im Flug. Die Mönche leben nach den strengen Klosterregeln der Theravada-Tradition, wie sie sie in Thailand kennengelernt haben. Frühes Aufstehen, eine karge Mahlzeit täglich. Besonders in den Anfangsjahren verbringen sie viele Stunden auf den nie enden wollenden Baustellen des Klosters. Während Ajahn Jagaro als Abt für die Dhamma-Reden und die

Beratung der Laien und Anagarikas zuständig ist, vertieft sich Brahm erneut in sein Vinaya-Studium. Um die alten buddhistischen Texte im Original lesen zu können, beschäftigt er sich auch weiter mit Pali.

Pali

Pali ist eine dem Sanskrit ähnliche mittelindische Sprache, in der die ersten buddhistischen Texte, der Pali-Kanon, niedergeschrieben wurden. Sie ist in etwa das buddhistische Äquivalent zum westlichen Kirchenlatein.

Die restliche Zeit gehört der Meditation. Das Kloster floriert, Besucher- und Zuhörerzahlen steigen stetig und somit auch Verantwortung und Pflichten. Nach zehn Jahren als Abt beschließt Ajahn Jagaro, eine Auszeit zu nehmen. Er will ein Sabbatical einlegen, um endlich wieder Zeit für seine spirituelle Weiterentwicklung zu haben. Während dieser Zeit soll Brahm seine Aufgaben übernehmen.

Übung macht den Meister

Ein Sprung ins kalte Wasser. Von einem Tag auf den anderen muss Brahm Meditationsraum und Studierstube mit der großen Bühne tauschen. Öffentliche Reden stehen von nun an auf der Tagesordnung. Die Zeit seiner Dhamma-Reden in Wat Pah Nanachat ist lange her, noch länger die Zeit, als er in England unterrichtete und eine völlig andere Art Lehrer war.

Gute Redner fallen nur selten vom Himmel. Eine Erfahrung, die nicht nur Ajahn Brahm selbst, sondern auch sein Publikum machen muss. Mit Witzen ohne Pointe oder Witzen, die nur er lustig findet, strapaziert er Nerven und Leidensfähigkeit seiner Zuhörer. Man merkte ihm doch sehr an, dass er mal Lehrer war, erinnern sich einige, die in den zweifelhaften Genuss seiner frühen Dhamma-Reden gekommen sind.

Aber Ajahn Brahm wäre nicht Ajahn Brahm, ließe er sich von diesen anfänglichen Schwierigkeiten unterkriegen. Mit Eifer und Beharrlichkeit eignet er sich allmählich die Feinheiten der Rhetorik an und versteht es immer besser, die Hörer in seinen Bann zu ziehen. Sein Timing wird nahezu perfekt, nur die Witze bleiben nach wie vor gewöhnungsbedürftig. Er bemüht sich, die Themen seiner Reden an die Lebenswirklichkeit seines Publikum anzupassen. Seine Hoffnung und sein Anliegen sind, den buddhistischen Glauben für den Alltag relevant zu machen und ihn so zeitgemäß und lebendig zu halten.

Auch oder besonders als Meditationslehrer macht Ajahn Brahm gewaltige Fortschritte, was sich in interessierten Kreisen schnell herumspricht. Immer mehr Mönche und Laien suchen das Kloster auf, um speziell bei ihm zu meditieren und zu lernen. Seine Reputation wächst und wächst.

Als Ajahn Jagaro nach seinem Sabbatical 1995 nach Serpentine zurückkehrt, sieht er den großen Erfolg seines Stellvertreters und erkennt neidlos an, dass Ajahn Brahm für diese Position besser geeignet ist als er selbst. Gemeinsam beschließen sie, dass Ajahn Brahm endgültig der neue Abt des Bodhinyana-Klosters werden soll.

Ajahn Jagaro kehrt er in seinen Heimatort Melbourne zurück, um dort seine Robe abzulegen. Er wird wieder John Cianiosi und heiratet kurze Zeit später. Der Sangha bedauert den Verlust von Jagaro sehr. Die Robe abzulegen und zu einem weltlichen Leben zurückzukehren ist im Buddhismus aber erlaubt und ein häufiger Schritt. Oft bleiben die ehemaligen Mönche der Gemeinschaft als Laien erhalten.

In den ersten Jahren wird das Kloster streng nach dem Vinaya der thailändischen Waldtradition geführt. Aber Australien ist nicht Thailand, und manche der Regeln und Gewohnheiten ergeben hier wenig Sinn oder erschweren das Klosterleben sogar, ohne einen tatsächlichen Nutzen zu bringen. Als Abt versucht Ajahn Brahm, den Vinaya vorsichtig an die neuen Umstände anzupassen, beispielsweise bei der Ernährung: Im Buddhismus wird Nahrung als eine Art Medizin gesehen. Sie hat wenig mit Genuss oder gar Völlerei zu tun, sondern soll gerade eben die Bedürfnisse des menschlichen Körpers befriedigen. In Thailand beschränkt man sich in der Waldtradition daher auf eine einzige Mahlzeit, die vor zwölf Uhr mittags eingenommen werden soll. Besonders in Zeiten, wenn auf dem Klostergelände viel gebaut wird und die Mönche nach wie vor das meiste selbst erledigen, reicht eine Mahlzeit am Tag aber nicht aus, um den Energiebedarf der Männer zu stillen. Können erschöpfte, hungrige Mönche besser meditieren? Wahrscheinlich nicht, und so lockert Ajahn Brahm die strikten Regeln.

Ein typischer Tag beginnt im Bodhinyana-Kloster um vier Uhr morgens. Die Mönche stehen auf und meditieren jeder für sich in ihren Hütten. Etwa gegen halb sieben gibt es ein gemeinsames Frühstück, meistens Porridge. Anschließend wird wieder meditiert – diesmal gemeinsam. Bis zum Mittagessen verbringen die Mönche ihre Zeit mit gemeinnütziger Arbeit. So viel wie möglich erledigen sie selbst, auch um Geld zu sparen. Ihre finanzielle Situation ist angespannt. Sie sind nach wie vor auf Spenden aus Thailand sowie der Buddhistischen Gesellschaft Westaustraliens angewiesen. Jeder der Mönche bringt einen Beruf mit. Ajahn Brahm ist stolz auf ihre Leistung, jeder macht sich nützlich und setzt seine Fähigkeiten für das Kloster ein, als Mechaniker, Ingenieur oder Krankenpfleger. Zwischen halb elf und zwölf Uhr findet dann die einzige richtige Mahlzeit des Tages statt. Sie besteht wie auch in Wat Pah Pong aus den Spenden der Laiengemeinschaft. Allerdings sind in Perth die Entfernungen sehr viel größer, und das Kloster liegt etwas abgelegen. Daher gehen hier nicht die Mönche auf Almosengänge, sondern die Laienbuddhisten kommen ins Kloster, um ihre Spenden abzugeben. Sie richten ihre Speisen in einer Reihe an langen Tischen an. Die Mönche, angeführt von Ajahn Brahm, gehen mit ihren Almosenschüsseln daran vorbei und nehmen das Essen entgegen. Das Mittagessen ist für alle eine gute Zeit. Es wird viel geredet und gelacht. Die Mönche revanchieren sich bei ihren Spendern, indem sie Geschichten erzählen und ihnen bei Bedarf in spirituellen Angelegenheiten zur Seite stehen. Ajahn Brahm ist es ein Anliegen, den Buddhismus nahe an die Menschen heranzubringen. Wie ginge das einfacher als in der Begegnung bei gemeinsamem Essen?

Nach einer kurzen Pause verbringen die Mönche den Rest des Tages in Abgeschiedenheit in ihren Kutis. Übrigens lebt Ajahn Brahm auch hier, was er predigt. Sein Kuti ist winzig, er kann gerade seine Schlafstätte unterbringen, die aus vier hintereinandergelegten flachen Kissen besteht. Die einzige Extravaganz: Es ist wie eine kleine Höhle gestaltet.

Die Mönche üben sich in den verschiedenen Geh- und Sitzmeditationen und studieren die Lehren Buddhas. Abends gibt es noch einmal Tee. Gelegentlich kommt die Klostergemeinschaft in den Abendstunden wieder zusammen, um zu diskutieren, den weisen Worten eines erfahrenen Mönchs zu lauschen oder gemeinsam zu singen. Die nächtlichen Gruppenmeditationen, die in den Waldklöstern in Thailand ungefähr alle zwei Wochen abgehalten werden, erspart Ajahn Brahm seinen Mönchen. Sie machen müde und unkonzentriert und bringen ihnen damit mehr Nach- als Vorteile. Für sich selbst hat er zudem die Erfahrung gemacht, dass die privaten Meditationen sehr viel tiefer und erfüllender sind als Gruppenmeditationen. Er überzeugt den Sangha, sich mehr und genauer an die Sutren Buddhas zu halten anstatt in blindem Gehorsam an die Waldklosterregeln.

So sehr Ajahn Brahm sein Amt als Abt auch liegt, es bringt viele Pflichten und Verantwortung mit sich. Er widmet sich zwar voll und ganz seinen neuen Aufgaben und ist immer auf der Suche nach neuen Projekten, aber er trauert der größeren Freiheit, die er als einfacher Mönch hatte, ein wenig nach. Durch die gewichtigeren Aufgaben fühlt er sich nicht mehr so leicht wie früher.

Gelegenheit macht Liebe

Als das Land in Serpentine gekauft und das Bodhinyana-Kloster gegründet wird, sollen auf dem weitläufigen, hügeligen Gelände Männer und Frauen zusammen untergebracht werden. Keine gute Idee, wie sich ziemlich schnell herausstellt. Obwohl die Mönche zum Teil jahrelang in Enthaltsamkeit und Askese erprobt sind und der Vinaya in Fleisch und Blut übergegangen ist, sind sie immer noch Menschen mit Bedürfnissen und Wünschen.

Sie merken, dass ihr Mönchsgelübde durch die Anwesenheit des anderen Geschlechts doch sehr auf die Probe gestellt wird. Die BSWA beschließt, sobald die Finanzen es zulassen, ein weiteres Stück Land für ein Nonnenkloster zu erwerben.

1998 ist es so weit. Etwa eine Stunde Fahrt von Serpentine entfernt steht in Gidgegannup ein zweihundertvierzig Hektar großes Grundstück zum Verkauf. Unfassbar groß und wahrscheinlich viel zu teuer. Andererseits böte so ein riesiges Gelände dem Kloster großes Potenzial, enorme Unabhängigkeit und Freiheit. Den Versuch, es zu ersteigern, ist es allemal wert.

Auf der Auktion wird das Höchstgebot von Ajahn Brahm und dem Schatzmeister der BSWA um fünfundzwanzigtausend Australische Dollar überboten. Was tun? Zurück nach Bodhinyana, meditieren und weitersuchen? Oder ist das gesetzte Maximum vielleicht nur eine grobe Richtlinie? Ajahn Brahm ist ein Mann der Tat. Er hat Vertrauen in seine Ideen und Pläne. Und Geld ist schließlich nur Geld. Wer weiß schon, was die Zukunft bringt? Kurzerhand erhöhen sie ihr Gebot auf sechshundertfünzigtausend Australische Dollar – und bekommen den Zuschlag.

Ähnlich wie in der Anfangszeit des Bodhinyana-Klosters müssen sich die Samaneris und Bhikkhunis zunächst mit Provisorien begnügen. Ein bescheidener Wohnwagen und eine kleine Hütte sind die ersten Behausungen des Klosters, das den Namen Dhammasara bekommt.

Der Grundstein ist also gesetzt, von jetzt an hält sich Ajahn Brahm aus dem Tagesgeschäft heraus. Die Gemeinde der Frauen soll eigenständig werden. Und das gelingt umso eher, denkt er, wenn sie unabhängig und frei in ihren Entscheidungen sind, wenn sie von Anfang an die Verantwortung tragen. Die Entwicklung eines so komplexen Projekts ist sicher nachhaltiger, wenn sie aus eigenem Antrieb erfolgt, wenn sie aus vielen Versuchen und Irrtümern besteht, durch die man lernt und wächst. Patriarchalisches Gehabe und Bevormundung wären nur hinderlich.

Die Zeit vergeht. Im Januar 2001 wird das erste feste Gebäude eingeweiht, eine Nonnenunterkunft mit Küche, Bad und Hauswirtschaftsraum. Dhammasara ist eröffnet.

Ajahn Brahm kennt die Probleme und Schwierigkeiten einer Klostergründung besser als jeder andere und steht den Nonnen mit Rat und Tat zur Seite. Bei Bedarf auch mit ungewöhnlichen Methoden: 2013 veranstaltet er eine Auktion, um Geld für den Ausbau von Dhammasara zu beschaffen. Und wer steht zum Verkauf? Natürlich Ajahn Brahm persönlich! Der Höchstbietende kann eine Woche Zeit mit ihm ersteigern, egal wo auf der Welt, für persönliche Beratung oder ein Retreat für eine ganze Gruppe. Bei einer ähnlichen Auktion wurde schon einmal sein Meditationskissen für umgerechnet zwanzigtausend Euro versteigert. Jetzt also eine ganze Woche mit einem der bekanntesten Buddhismus-Lehrer unserer Zeit.

Drei Monate lang werden Gebote entgegengenommen und sogar eine Spendengala veranstaltet. In Internetforen wird rege und teils kontrovers darüber diskutiert. Ajahn Brahm wäre nicht Ajahn Brahm, wenn er nicht auf der Website »Ajahn Brahm for Sale« ausführlich erläutern würde, warum diese Aktion durchaus im Einklang mit dem Dhamma steht. Natürlich darf auf der Website ein typischer Ajahn-Brahm-Spruch nicht fehlen: »If you're not satisfied, you get your money back.«[10] Und klein gedruckt darunter: »You won't get any money back, but you may ask. He, he, he.«[11] Wer könnte da widerstehen?

Wie viel Geld wirklich zusammenkommt, wird nicht offiziell bekannt. Auf Twitter veröffentlicht Ajahn Brahm aber einen Monat vor Ende der Auktion, dass das aktuelle Höchstgebot schon bei sechzigtausend Australischen Dollar liege ... In Gold wird Ajahn Brahm zwar noch nicht aufgewogen, aber er ist auf dem besten Weg dazu.

Container und Content

Ajahn Brahms erfrischende und undogmatische Art zeigt sich nicht nur in seiner Arbeit in und um Bodhinyana und seinem Engagement für die Samaneris – Novizinnen – und Bhikkhunis, sondern auch im Umgang mit anderen Religionen. Er hat großen Respekt vor Andersdenkenden und ist der Meinung, dass Glaube und Religion so wichtig für die Menschen sind, dass es gleichgültig ist, welchen Weg sie auf der Suche nach dem Glauben einschlagen.

Ajahn Brahm benutzt das Bild von Behälter und Inhalt. Egal ob Christentum, Judentum, Islam oder Buddhismus, alle füllen dasselbe Wasser in verschiedene Flaschen ab und verkaufen es als einzige Wahrheit. Letzten Endes geht es aber immer um die zentralen Elemente Sinn, Frieden, Harmonie, Liebe und Mitgefühl. Deswegen ist es gleich, welchen Behälter man dafür wählt. Was zählt, ist der Inhalt.

So begegnet Ajahn Brahm Religionskritikern jeder Couleur. Er hat ganz konkrete Vorstellungen und wünscht sich, dass Glaube und Buddhismus im Besonderen für das Leben der Menschen an Bedeutung gewinnen. Kirchen und Tempel sollen kein Selbstzweck sein, sondern einen Beitrag für alle Belange der Gesellschaft leisten: sozial, ökonomisch, psychologisch. Die Religionen sollen die Herausforderungen der Zeit annehmen, anstatt sich auf alte Muster zu stützen. Ajahn Brahm betont, dass alle Religionen in ihren Anfängen eine moralische Führungsrolle innehatten und deshalb bald eine große Rolle innerhalb der Gesellschaft spielten. Im Lauf der Zeit sei eine unmoralische Führung daraus geworden, geprägt von Machtgier und starren, hierarchischen Strukturen. Warum sollte der Papst als Mann über ein Thema wie Empfängnisverhütung entscheiden? Kein Wunder, dass sich viele Menschen von der Religion abwenden, sagt Ajahn Brahm. Anstatt den Entwicklungen hinterherzulaufen – und das 20. und 21. Jahrhundert sind Zeitalter radikaler Veränderungen –, sollte die Religion vorangehen.

Ebenso kritisiert er die politischen Systeme: Wieso werden Politiker aufgrund ihrer Versprechen gewählt? In jedem Unternehmen der freien Wirtschaft werden Positionen aufgrund von Lebensläufen besetzt. Ajahn Brahm liebt es, kritische Fragen zu stellen, und scheut keine Auseinandersetzung. Dabei geht es ihm nicht so sehr um die einzig wahre Antwort, sondern darum, die Menschen aus ihrer Passivität herauszuholen und zum Nachdenken zu motivieren.

Er nimmt die Menschen auch in die Pflicht, selbst die Initiative zu ergreifen. Buddhismus ist eine Lehrtradition und eine Erfahrungsreligion. Buddha selbst lehrte seine Schüler, alles zu hinterfragen und mit der eigenen Erfahrung und gesundem Menschenverstand zu überprüfen. Man soll nichts glauben, nur weil es alle tun, weil etwas aus alten Schriften oder von einem höheren Wesen stammt oder weil es dem Hörensagen nach so ist oder immer schon so war. Dank dieser Prämissen ist der Buddhismus seit seinen Anfängen eine relativ undogmatische Religion und offen für Entwicklungen und Einflüsse geblieben.

Wie können die Religionen ihre Relevanz in der Gesellschaft zurückerobern? Keine einfache Aufgabe in einer globalisierten, säkularen Welt. In Deutschland, wo der Buddhismus übrigens keine anerkannte Religion ist, bezeichnen sich über vierzig Prozent der Menschen als konfessionslos. Ihre Zahl wächst – auch aufgrund von Austritten aus den Kirchen, die ihre enttäuschten Mitglieder nicht halten können. Viele Menschen sind der Meinung, dass Religion anachronistisch ist und sie sie für ihren Alltag nicht benötigen. Genau hier setzt Ajahn Brahm den Hebel an. Er ist fest entschlossen, den Buddhismus mit Herz und Verstand in die Mitte der Gesellschaft zu bringen. Die Frage, ob Buddhismus eine Religion oder einfach eine Art Lebensphilosophie sei, beantwortet Ajahn Brahm verschmitzt wie immer: »Eine Religion natürlich ... aus steuerlichen Gründen!«[12]

Let me entertain you

Ajahn Brahm schließt auch überkonfessionelle Freundschaften. 2005 lernt er auf einer Konferenz den Benediktiner-Abt Placid Spearritt aus der Gemeinde von New Norcia nördlich von Perth kennen. Mehr als drei Stunden lang diskutieren sie über Gemeinsamkeiten und Unterschiede von Buddhismus und Christentum. Sie werden Freunde und halten bis zu Placid Spearritts Tod im Jahr 2008 regelmäßig öffentliche Gesprächsrunden ab, die zu einem »two-man spiritual-comedy act« avancieren. Beide sind überaus unterhaltsame Redner. Es gibt mindestens genauso viele Übereinstimmungen wie Kontroversen. Aber sie nehmen es mit Humor, als Freunde kommen sie auch mit Widerspruch zurecht. Wenn Placid Spearritt sagt »Ich glaube nicht an Reinkarnation«, entgegnet Ajahn Brahm: »Und ich glaube nicht an Gott.« Ihre Zuhörer lieben sie, die Ränge sind stets voll besetzt.

Ajahn Brahm bleibt stets kritisch, auch seinem eigenen Glauben gegenüber. Er widersetzt sich etwa der Linie der Theravada-Tradition, dass Erleuchtung nur durch Meditation erreicht werden kann und dies ein Alleinstellungsmerkmal des Buddhismus sein soll. An dieser Stelle zitiert er Buddha, der sagte, dass schon »ein bisschen Meditation, etwas Tugend und etwas Weisheit« zur Erleuchtung führen können.

Zudem kann der Buddhismus Meditation nicht für sich allein beanspruchen. Methoden, den Geist zur Ruhe zu bringen, gibt es seit Jahrhunderten in allen möglichen Kulturen. Nicht umsonst ist die Meditation heute in der Mitte der Gesellschaft angekommen, in Unternehmen, Sport und im Privaten – entkoppelt von jeder religiösen Konnotation. Ajahn Brahm möchte, dass die Menschen meditieren, weil er vom Nutzen überzeugt ist. Ob sie es als Buddhisten oder aus anderen Gründen tun, ist ihm relativ gleich.

Ajahn Brahm liebt und lebt den Buddhismus, aber er weiß auch, dass das allein nicht reicht, um die Menschen zu begeistern und zu überzeugen. Als er in den frühen 1980er-Jahren nach Australien kommt, ist der Buddhismus nicht sehr verbreitet. 1986 gab es lediglich etwa achtzigtausend australische Buddhisten. Zahlenmäßig hat er nach wie vor nicht viele Anhänger, um die fünfhunderttausend, aber er ist heute immerhin nach der christlichen die zweitgrößte Religionsgemeinschaft Australiens. Prozentual gesehen ist der Zuwachs enorm. Mit Sicherheit ist das auch Ajahn Brahms Arbeit zu verdanken.

Er hat eines erkannt: Im Zeitalter der sozialen Medien und der Allgegenwart von Zerstreuungsmöglichkeiten muss man vor allem eines tun – die Leute unterhalten. Ajahn Brahm sagt, dass Religion mit allen anderen Unterhaltungsangeboten konkurriert, mit Kino, Theater, Infotainment. Die Menschen wollen Spaß, und genau da holt er sie in seinen Dhamma-Reden gekonnt ab.

Dhamma-Reden

Dhamma-Reden sind sogenannte Lehrreden. Sie werden von erfahrenen Mönchen gehalten und behandeln buddhistische Fragen. Traditionell dürfen sie nicht vorbereitet werden, weil sie aus dem Augenblick und von innen heraus entstehen sollen. Dhamma-Reden sind oft auch für Laien und andere Interessierte zugänglich, sei es zu festen Terminen in Klöstern, auf Dhamma-Reisen im In- und Ausland oder auf Konferenzen, zu denen die Mönche eingeladen werden.

In Bodhinyana zum Beispiel gibt es die Freitagsreden von Ajahn Brahm, zu denen viele Besucher auch von weit her anreisen. Sie dauern meist zwischen einer und eineinhalb Stunden und werden per Livestream weltweit übertragen. Es ist charakteristisch für den Buddhismus, dass die Reden frei und kostenlos zugänglich sind. Hier gehen die Klöster mit der Zeit und stellen sie in Form von Audio- und Videodateien über die Seiten der Klöster und buddhistischen Zentren zur Verfügung. Viele Reden von Ajahn Brahm sind auch über die Seite der BSWA[13] abrufbar. Über die Jahre sind es Hunderte geworden. Außerdem gibt es einen eigenen YouTube-Kanal[14], für den das Interesse groß ist: Die Klicks gehen zum Teil in die Hunderttausende. Hört man sich heute eines der zahlreichen Gespräche von Brahm an, ist es schwer, sich nicht in seinen Bann ziehen zu lassen. Mittlerweile ist er ein begnadeter, humorvoller Redner, der auch über die nötige Qualifikation und die geistigen Fähigkeiten verfügt, sein Wissen verständlich weiterzugeben. Eine bezwingende Kombination.

Ajahn Brahm nutzt das Internet, das perfekte Medium, um Menschen auf der ganzen Welt zu erreichen. Er hat erkannt, dass das »Live-Gefühl« wichtig ist – und eine unverzichtbare Marketingstrategie. Bei Brahm stimmt alles: Form und Inhalt. Seine Dhamma-Reden sind nicht langweilig und theoretisch, sondern sprühen vor Witz. Er verpackt komplexe buddhistische Inhalte in anschauliche Geschichten und macht sie so leichter verständlich, auch für eine breitere Masse. Wenn Ajahn Brahm in seiner ockerfarbenen Kutte leicht erhöht auf dem Boden vor seinen Zuhörern sitzt, bringt er mit einem trockenen Halbsatz oft den ganzen Saal zum Lachen. Etwas näselnd und mit sanfter Stimme behandelt er im einen Moment ein buddhistisches Thema, um im nächsten einen Witz zu erzählen. Gerne auch immer wieder denselben, es gibt gewissermaßen Klassiker unter seinen Anekdoten. Ajahn Brahm lacht gerne, auch über sich selbst. Mit seinen Titeln und dem Ansehen, das er genießt, geht er lässig um. Er wird nicht gern mit Titeln wie »Venerable« (Ehrwürdiger) oder »His Holiness« (Seine Heiligkeit) angesprochen. Er fühlt sich damit nicht ganz wohl und macht prompt einen Gegenvorschlag: »His Roundness«. »Seine Rundheit« findet er angesichts seines Körperumfangs wesentlich angemessener.[15] Wie typisch für ihn.

So werden immer wieder die größten Stärken von Ajahn Brahm sichtbar: seine Authentizität und seine Glaubwürdigkeit. Er zieht die Menschen an, eine breite Zuhörerschaft ebenso wie Mönche, die in seinem Kloster von ihm lernen möchten. Scherzhaft nennt er dieses manchmal seine »monk factory«, seine Mönchsfabrik. Er ist ein Menschenfreund und strahlt das auch aus – mit Sicherheit eine der Grundlagen für seinen Erfolg und seine Beliebtheit.

Retreat Centre Jhana Grove

Etwa zur selben Zeit, als das Dhammasara-Nonnenkloster eingeweiht wird, bietet sich der BSWA die Gelegenheit, ein weiteres Grundstück zu erwerben. Es liegt nur einen Katzensprung von Bodhinyana entfernt, auf der gegenüberliegenden Seite des Kingsbury Drives. Damit eröffnen sich wieder spannende Möglichkeiten.

Fast seit Bestehen des Bodhinyana-Klosters werden auch Meditationsretreats angeboten. Ajahn Brahm wird immer bekannter und mit seinem Ruhm steigt auch die Zahl der Meditationsschüler weiter an. In den ersten Jahren sind es hauptsächlich Menschen aus der Umgebung. Aber schon bald treffen auch Besucher aus Thailand, Sri Lanka und Europa, aus aller Herren Länder ein. Das Wichtigste an den Retreats ist die Meditationserfahrung. Aber die Gäste müssen auch untergebracht werden. Im Kloster? Die Möglichkeiten von Bodhinyana sind begrenzt und schon bald ausgeschöpft, und so müssen für die Retreats Räumlichkeiten in der Nachbarschaft angemietet werden. Für die Mönche ist der zusätzliche Trubel auf dem Klostergelände nicht ideal. Die Ablenkung ist zu groß und behindert sie bei ihren eigentlichen Aufgaben.

Mit dem neu erworbenen Land könnte endlich Abhilfe geschaffen werden. Brahm schlägt vor, hier ein eigenes Retreat Center mit allem, was dazugehört, zu errichten, mit Meditationsräumen genauso wie mit ausreichend Schlafplätzen und Wasch- und Kochgelegenheiten.

Das Grundstück wäre optimal geeignet. Die Entfernung zum Kloster ist gering, sodass die Mönche ohne großen zeitlichen und logistischen Aufwand zwischen beiden Orten wechseln können. Dennoch liegt das Grundstück ruhig und abgelegen, inmitten schöner Natur.

Die Idee fällt auf fruchtbaren Boden, und schon bald treffen die ersten Spenden ein, ausdrücklich für den Bau eines Retreat Centers bestimmt. Geld ist bei diesem Projekt also vorhanden, und sie könnten eigentlich loslegen. Wenn da nicht Ajahn Brahm wäre. Er will kein Klein-Klein. Er hat Großes im Sinn – wenn er etwas macht, dann richtig. Mit Ajahn Brahms Erfahrungen im Klosterbau wird das Meditationszentrum geplant und durchgerechnet. Er veranschlagt die Kosten auf etwa eine Million Australische Dollar. Ziemlich schnell wird klar, dass das Projekt nicht mit Bodhinyana vergleichbar ist. Damals machten die Mönche fast alles selbst, Schritt für Schritt, nach und nach. Dafür fehlt ihnen jetzt die Zeit, und die Größe des Projekts übersteigt zudem ihre Möglichkeiten.

Ein Architekt nimmt sich der Pläne an, ein professioneller Kostenrechner wird beauftragt. Zwei Millionen, vier Millionen, sechseinhalb Millionen – je genauer die Pläne werden, umso höher sind die veranschlagten Kosten. Sie übersteigen die Spenden bei Weitem. Erste kritische Stimmen werden hörbar.

Aber Ajahn Brahm bleibt optimistisch. Vielleicht ist Optimismus hier das falsche Wort. Brahm folgt einfach seinen Überzeugungen. Er hat eine Entscheidung getroffen und steht dazu. Jetzt muss er das Beste daraus und aus den Konsequenzen machen. Ganz gleich, was man tut, es treten immer Schwierigkeiten und unerwartete Probleme auf. Es kommt einzig darauf an, wie man ihnen begegnet. Für Ajahn Brahm ist die wichtigste Eigenschaft eines Problems das Bestehen einer möglichen Lösung. Seine Aufgabe ist, es diese Lösung zu finden. Konkret: eben diese sechseinhalb Millionen Dollar aufzutreiben.

Nicht zuletzt durch seine Bekanntheit in der buddhistischen Welt spricht sich das Projekt allmählich herum. Und siehe da, es gibt viele Leute, die ihm und seinen Ideen vertrauen. Aus Thailand, Malaysia und Singapur kommen große Spendenbeträge. Der Bauunternehmer aus Perth, diesmal ausnahmsweise nicht die BBC (Buddhist Building Company), verzichtet auf seinen Gewinn. Er liefert Material und Maschinen zum Selbstkostenpreis. Und was die BSWA und Brahm besonders freut, ein großer Teil der Spenden kommt aus Australien, aus der unmittelbaren Umgebung. Gibt es einen besseren Beweis für den Erfolg ihrer bisherigen Arbeit?

Nach jahrelangem Planen und Spendensammeln beginnen 2007 die Bauarbeiten. Zehn Hütten mit Platz für insgesamt sechzig Personen sollen es werden. Jedes Zimmer ist mit einem eigenen Badezimmer ausgestattet. Daneben gibt es eine Gemeinschaftsküche, Hauswirtschaftsräume und einen Speisesaal. Das wichtigste Gebäude ist der große Meditationssaal mit drei kleineren Räumen für die Gehmeditationen. Alles ist ausgerichtet, um optimale Bedingungen für erfolgreiche Meditationen zu bieten.

Mit einer eindrucksvollen Zeremonie wird Jhana Grove im April 2009 eröffnet. Als Schirmherrn können die Mönche Geoff Gallop, den ehemaligen Ministerpräsidenten Westaustraliens, gewinnen. Es wird ein großes Fest mit vielen Gästen aus dem In- und Ausland.

Es gilt keine Zeit zu verlieren, direkt im Anschluss beginnt das erste Retreat in Jhana Grove. Ajahn Brahm und andere erfahrene Mönche und Nonnen der Klöster Bodhinyana und Dhammasara halten die Seminare ab, die ein Wochenende oder auch eine Woche und länger dauern können. Genauso sind Gruppen anderer Traditionen mit eigenen Lehrern willkommen. Sehr erfahrene Meditationsschüler, die über eine intensive eigene Praxis verfügen, können sich auch selbstständig in Jhana Grove einmieten, mindestens sieben Tage, maximal einen Monat.

Der Erfolg gibt Ajahn Brahm und seinem Projekt recht: Jhana Grove ist sehr gut besucht, die Seminare und Retreats oft lange im Voraus ausgebucht. Alle Teilnehmer, die auf das Gelände kommen, müssen versprechen, sich an bestimmte Bedingungen zu halten: an den vorgegebenen Stundenplan, bestimmte Verhaltensregeln und eine Art Schweigegelübde.

Schweigen ist Gold

Auf Meditationsseminaren, auch in Jhana Grove, werden die Teilnehmer oft dazu angehalten zu schweigen – eine Stunde, einen Tag, mehrere Wochen. Davon ausgenommen sind die Dhamma-Reden, bei denen die Gruppe über Fragen und Probleme diskutiert. Das Schweigen dient dazu, die Meditation zu unterstützen. Erst in sich selbst zurückgezogen hat man die Chance, wirklich achtsam zu werden – aber auch zu sehen, wie außenorientiert man sonst ist und welchen Impulsen man nachgibt.

Ein Meditationsretreat ist alles andere als Urlaub. Der Stundenplan umfasst sehr frühes Aufstehen um vier Uhr, abwechselnd

Geh- und Sitzmeditationen, Mahlzeiten, Ruhezeiten und Gesprächsrunden. Die Teilnehmer haben die Möglichkeit, auch einzeln mit ihren Lehrern über ihre Erfahrungen zu sprechen. Die Auswirkungen auf die Psyche sind bei derart intensiven Seminaren nicht zu unterschätzen, die Teilnehmer brauchen intensive Betreuung. Unter Ajahn Brahms Initiative und Leitung wird aus Jhana Grove ein blühendes Zentrum, das der spirituellen Entwicklung vieler Menschen dient.

Ein Teilnehmer eines Retreats unter Ajahn Brahms Leitung beginnt am zweiten Tag zu weinen und kann nicht mehr aufhören. Beschämt und etwas verzweifelt geht er zu Ajahn Brahm und fragt ihn, was der Grund dafür sein könnte. Der stellt die Gegenfrage, wann er denn das letzte Mal geweint habe. Der Mann, ein gestandener Australier, muss kurz überlegen: »Wahrscheinlich, als ich zehn oder elf Jahre alt war und mein Vater gesagt hat: Jungs weinen nicht!« Ajahn Brahm entgegnet, dass er dann wohl einiges nachzuholen habe. Der Mann weint fast über die gesamte Dauer des Retreats. Am Ende geschieht das, was Ajahn Brahm ihm vorhergesagt hat. Nachdem er die Traurigkeit, die ihn übermannt hat, zugelassen und akzeptiert hat, wird er ruhig und friedlich.

Die Bhikkhuni-Kontroverse

Ein paar Monate nach der Eröffnung von Jhana Grove, am 22. Oktober 2009, findet eine weitere Zeremonie statt, diesmal im Bodhinyana-Kloster. Viel kleiner und eher Routine: eine Ordination. Eine von vielen. Nichts Ungewöhnliches für ein buddhistisches Kloster, eigentlich. Und dennoch wird diese Veranstaltung

Wellen schlagen. In Thailand wird auf den Titelseiten darüber berichtet. In Wat Pah Pong finden sich eine Woche später hundertsechzig der führenden Theravada-Mönche, Mitglieder des Sangha-Komitees und Äbte der Tochterklöster aus dem In- und Ausland zu einem Konzil ein. Die Stimmung ist aufgebracht. Auch Ajahn Brahm wird kurzerhand dorthin zitiert. Auf der Tagesordnung steht ein einziger Punkt: Ajahn Brahmavamso, Phra Visuddhisamvarathera[16], soll seine Fehler eingestehen.

Was bringt die buddhistische Ordensgemeinschaft so in Aufruhr? Was ist geschehen?

Am 22. Oktober sind im Bodhinyana-Kloster vier Frauen in der Theravada-Linie zu Bhikkhunis, zu Nonnen, ordiniert worden. Das hat es in der thailändischen Theravada-Tradition seit Ewigkeiten nicht mehr gegeben, um genauer zu sein seit mehr als tausend Jahren. Und das soll es, folgt man den Theravada-Oberen in Thailand, auch in Zukunft nicht wieder geben. Ihre Argumente gegen die Neuetablierung eines Frauenordens liegen in der strikten Auslegung des Sangha-Gesetzes und des Vinaya. Hier finden sich die formalen Anforderungen für Ordinationen von Mönchen und Nonnen. Um Nonnen rechtmäßig zu ordinieren muss zum einen ein Quorum von jeweils fünf voll ordinierten Mönchen und Nonnen der Zeremonie beiwohnen, darunter ein Rechtsgelehrter. Die Leitung kann nur von einer Nonne übernommen werden, die seit mindestens zwölf Jahren den Status einer Bhikkhuni in der jeweiligen Tradition innehat. Weder die eine noch die andere Bedingung kann erfüllt werden, denn es gibt zu der Zeit in Thailand keine Nonnen in der Waldtradition. Also kann auch keine rechtmäßige Nonnenordination vollzogen werden. Es gilt die Richtlinie, dass eine einmal ausgestorbene Tradition nicht wiederbelebt werden darf, auch nicht in den westlichen Tochterklöstern der Waldtradition. So lautet zumindest der Kanon der Klosterautoritäten Thailands. Dort gibt es zudem seit 1928 ein Gesetz, das es Mönchen verbietet, Nonnen zu ordinieren. In Thailand müssen sich Frauen also mit dem Status der Mae Chi begnügen, als praktizierende Laien, die in der Hierarchie und im Ansehen sehr viel weiter unten angesiedelt sind als die regulären Mönche.

In Australien ist im Jahr 2009 ein derart patriarchales Gebaren kaum vorstellbar. Eine Gleichstellung der Geschlechter sollte hier auch in der Religion stattfinden und der Buddhismus mit gutem Beispiel vorangehen, meint Ajahn Brahm.

Ajahn Brahm hat sich bei Somdet Phra Nyanasamvara, dem obersten Mönchspatriarchen Thailands, nach dessen Meinung bezüglich Nonnenordinationen außerhalb Thailands erkundigt. Seine Antwort: Das Thai-Sangha-Gesetz erstreckt sich nicht über die Grenzen Thailands hinaus. Im Glauben, dass diese Gesetze nur in Thailand Gültigkeit haben und sie sich also nur an den Vinaya zu halten haben, findet am 22. Oktober in Bodhinyana die Bhikkhuni-Ordination statt. Unter der Leitung von Ayya Tathaaloka, einer kalifornischen Bhikkhuni der Theravada-Tradition, werden die vier Frauen ordiniert. Als Abt hat auch Ajahn Brahm eine aktive Rolle. Es ist sein Kloster und er ist einer der Mönche, die die ñatticatutthakamma – einen wichtigen Teil der Zeremonie – singen. Die Ordination erfüllt alle formalen Anforderungen des Vinaya, aber eben nicht die des thailändischen Sangha-Gesetzes.

Die Patriarchen des Konzils in Wat Pah Pong kommen, wahrscheinlich auch, um einen Präzedenzfall zu verhindern, zu dem Schluss, dass die Unterklöster der thailändischen Traditionen sehr wohl dem Gesetz des Thai-Sangha unterlägen und die Nonnenordination von Perth somit unwirksam sei. Brahm akzeptiert zwar, dass die Frauen in Thailand nicht als Nonnen anerkannt werden, beharrt aber auf der ordnungsgemäßen Ordination und somit ihrem Nonnenstatus in Australien.

Das ist den Autoritäten zu wenig. Ajahn Brahm wird vor die Wahl gestellt: Entweder er bekennt seine Fehler und verneint vor der vollen Versammlung den Bhikkhuni-Status der vier Frauen und bleibt ohne Strafe, oder das Bodhinyana-Kloster wird aus dem Stammbaum von Wat Pah Pong gelöscht und alle Verbindungen gekappt.

Ajahn Brahm braucht keine lange Bedenkzeit: Er könne und wolle weder gegen den Vinaya verstoßen und die Ordination nicht anerkennen, noch wolle er den Wünschen des Bodhinyana-Sanghas und denen der vielen Laien-Buddhisten und Unterstützer im Wege stehen. Er lehnt die Forderungen der Versammlung ab. Bodhinyana samt seines Abts hat seitdem offiziell nichts mehr mit dem Waldkloster Wat Pah Pong zu tun.

Die Bhikkhuni-Ordination geht als historisches Ereignis in die Geschichte des Buddhismus ein. Tausend Jahre nach den letzten Nonnen im Theravada, die ebenbürtig neben Mönchen arbeiteten, dienten und lehrten, wird diese Tradition wiederbelebt. Ajahn Brahm ist glücklich, im Zentrum dieser Entwicklung zu stehen.

Dennoch schlagen die Wogen hoch. Die Loslösung von Wat Pah Pong und dem Thai-Sangha ist eine harte Zäsur für ihn und das Kloster Bodhinyana. Er hat immerhin neun Jahre bei Ajahn Chah studiert, hier liegen seine spirituellen Wurzeln. Überall in der buddhistischen Welt wird die Bhikkhuni-Ordination diskutiert. Es ist eine typische Ajahn-Brahm-Entscheidung; auf den ersten Blick wirkt sie wie mit dem Kopf durch die Wand, etwas zu sehr mit der Brechstange durchgesetzt. Er ist kein Diplomat.

Nimmt man allerdings Umstände und Entstehung unter die Lupe, erkennt man deutlich, dass hier Herz und Verstand beteiligt waren. Bei Angelegenheiten, die ihm wichtig sind, trifft Ajahn Brahm auch unpopuläre Entscheidungen. Er weiß, was er will, und ist bereit, die Konsequenzen zu tragen. Auch, dass kontrovers über ihn gesprochen wird, viele Menschen an ihm zweifeln oder ihm Profilierungssucht vorwerfen.

Der Erfolg gibt ihm schon zu dieser Zeit meistens recht. Mit seinen Reden, seinen Büchern, seiner Lehre und seiner Persönlichkeit schafft er es, weltweit Menschen zu erreichen und zu begeistern. Mit gerade einmal sechzig Jahren steht er noch am Anfang seiner Gelehrtenkarriere. Vielleicht wirkt die Trennung vom Thai-Sangha in gewisser Weise auch befreiend auf Ajahn Brahm, er kann jetzt nach bestem Wissen und Gewissen schalten und walten.

Moderner Buddhismus

Sein Ruf breitet sich weit über Australien hinaus aus. Ajahn Brahm gilt als Vertreter eines neuen, modernen Buddhismus, der sich von einer Individual- hin zu einer Sozialethik entwickelt. Seit er Abt von Bodhinyana ist, unterstützt er Erneuerungsprozesse und trägt in weiten Bereichen zu einer Entmythologisierung der Lehre bei, mit der er den Buddhismus ins 21. Jahrhundert führt. Zu seinen schon bestehenden Ämtern kommen zunehmend offizielle Funktionen hinzu. So fungiert er als spiritueller Berater der Buddhistischen Gesellschaften von Victoria und Südaustralien, die er in Richtungsfragen unterstützt. Auf den internationalen Buddhismus-Konferenzen vertritt er Australien.

Es gelingt ihm auf einmalige Art und Weise, Welten zu verbinden. Ajahn Brahm stammt aus Europa, ist dort aufgewachsen und hat dort studiert. Mehr als die Hälfte seines Lebens ist er bereits Mönch und tief in der südostasiatischen Spiritualität verwurzelt. Ein Widerspruch? Nicht für ihn. Im Gegenteil, er macht sich das Beste aus beiden Welten zunutze und sieht sich als Bindeglied zwischen den Kulturen. Vielleicht gelingt es ihm gerade dank seiner Kenntnisse und seiner Vertrautheit mit der westlichen Psyche, die buddhistische Lehre einem großen Publikum zu vermitteln und zugänglich zu machen.

Er wird für Vorträge zu Weltkonzernen wie Google eingeladen und spricht bei den Vereinten Nationen und an Universitäten. Viele seiner Dhamma-Reisen führen ihn nach Südostasien, nach Malaysia, Thailand, Singapur, Sri Lanka, Hongkong und Indonesien. Wenn er in Singapur zu Gast ist, werden seine Veranstaltungen mit großen Anzeigen auf Bussen und in Zeitungen beworben. Tausende Leute hängen ihm an den Lippen, wann immer er dort öffentlich auftritt.

Er weiß, wie wichtig Verbindungen sind, und pflegt den Kontakt zur Politik: Der Regierungspräsident von Sri Lanka lässt sich von ihm persönlich beraten. Der ehemalige westaustralische Regierungschef Geoff Gallop, wird sein Freund, nachdem sich die Mönche jahrelang gegen den Lärm von Lastwagen gewehrt haben und damit bis vor den Supreme Court gezogen sind – und gewonnen haben. Gallop sagt, dass Ajahn Brahm dem Buddhismus in Australien Leben, Energie und Intellekt eingehaucht habe. Ist es ein Widerspruch, dass ein Mönch, der sich allem Weltlichen entzieht, Einfluss auf Wirtschaft und Politik nimmt? Ajahn Brahm sagt, genau das qualifiziere ihn, dass er Abstand zu allem hat, womit sich der Rest der Welt beschäftigt. Eine gute Ausgangsposition für einen

Ratgeber. Mit Herzblut und aller Energie, die er aufwenden kann, widmet er sein Leben der Verbreitung des Dhamma. Er hat eine Mission und unendlich viel zu sagen. Ajahn Brahm äußert sich zu kontroversen Themen wie Abtreibung, Sterbehilfe und Terrorismus. Er scheut keine Diskussion, reist und lehrt unermüdlich. Diszipliniert erfüllt er all seine Pflichten und stellt sich jeder Verantwortung. Nur von Zeit zu Zeit beneidet er seine jungen Mönche, die »nur« ihren klösterlichen Aufgaben nachgehen müssen.

Ajahn Brahm weiß, dass seine Popularität eine große Chance ist, die er ergreifen muss. Er lässt sich Stress und Erschöpfung nicht anmerken und arbeitet nach eigener Aussage wie ein Wasserbüffel. Egal, wie lang die Arbeitstage sind, er behält seine gute Laune. Die Menschen um ihn herum bewundern seine Energie und Ausdauer, genauso wie seine freundliche Art.

Eine typische Arbeitswoche in Ajahn Brahms Leben könnte so aussehen: Er spricht Freitagabend bis ungefähr zweiundzwanzig Uhr bei der Buddhistischen Gesellschaft oder hält eine Dhamma-Rede. Danach fährt er zum Flughafen und steigt in ein Flugzeug, das ihn über Nacht nach Singapur bringt. Er trifft morgens Schüler, danach lehrt er und beantwortet Fragen bis vielleicht dreiundzwanzig Uhr. Am nächsten Morgen geht es weiter zu einer mehrtägigen Dhamma-Reise durch Indonesien. Seine Tage sind alle ähnlich lang: Er redet und redet und versucht dabei, auch seine Meditationspraxis wenigstens etwas beizubehalten, und fällt abends erschöpft ins Bett. Am Freitag fliegt er zurück nach Perth, wo schon der nächste Freitags-Talk ansteht. Ein Pensum, das einem Spitzenmanager alle Ehre machen würde und über das er sich nie beschwert.

Wer auf Reisen ist, kann bekanntlich viel erleben. Wieso sollte es einem Mönch anders gehen? Als Ajahn Brahm von einer Reise nach Sri Lanka zurück am Flughafen von Perth ist, geht die Polizei die Reihe der Einreisenden mit Drogenhunden ab. Wo bleibt einer der Hunde stehen, hört nicht mehr auf zu schnüffeln und vergräbt die Nase schließlich in seinem Gewand? Bei Ajahn Brahm. Das ist ihm unangenehm, und er ist ein bisschen aufgeregt, obwohl er natürlich keine Drogen bei sich hat. Die Leute vor und hinter ihm in der Schlange rücken langsam ab und schauen peinlich berührt zur Seite. Mit einem Drogen schmuggelnden Mönch möchte man wirklich nichts zu tun haben. Die Beamten bitten ihn tatsächlich darum, seine Robe zu lüften, und durchsuchen seine Tasche, aber es ist nichts zu finden. War der Drogenhund vielleicht unfähig? Nein, sagt Ajahn Brahm. Das Tier habe einfach seine ruhige, milde und friedfertige Präsenz genossen und sei deswegen nicht von ihm gewichen.

Wenn er nicht um den Globus fliegt und Drogenhunde verwirrt, hält Ajahn Brahm sich in Bodhinyana auf. Auch hier hat er mehr als genug zu tun.

2004 wird er mit der renommierten John-Curtin-Medaille der Curtin University in Perth ausgezeichnet. Sie ist nach einem früheren Premierminister benannt, der als einer der größten australischen Staatsmänner gilt, und wird an Personen verliehen, die sich mit Ideen, Führungsstärke und gemeinnütziger Arbeit um die australische Gesellschaft verdient gemacht haben. Es ist eine weltliche Auszeichnung, aber dennoch eine große Ehre für Ajahn Brahm. Es ist befriedigend für ihn, dass seine Arbeit gesehen und honoriert wird.

Als 2005 die Commonwealth Games in Melbourne abgehalten werden, wird Ajahn Brahm eingeladen – natürlich nicht als Teilnehmer, sondern als Repräsentant der Buddhistischen Gesellschaft. Unter anderem ist er zu einem Galadinner im Parliament House eingeladen, an dem auch Queen Elizabeth und Prinz Andrew teilnehmen. Es gibt einen Dresscode: Anzug, Uniform oder langes Kleid. Als Mönch entscheidet er sich für Letzteres. Aber auch das Drei-Gänge-Menü am Abend stellt ihn vor Schwierigkeiten, denn Mönche dürfen nach Mittag nichts mehr zu sich nehmen. Zum Glück gibt es ein paar Ausnahmen. An diesem Abend essen alle anderen das üppige Menü, Ajahn Brahm bekommt Camembert. Sein zweiter Gang besteht aus Cheddar. Auch sein Dessert fällt aus dem Rahmen, er bekommt etwas dunkle Schokolade, die Mönche auch nach zwölf Uhr zu sich nehmen dürfen. Auch als Theravada-Mönch kann man also bei einem Festessen dabei sein.

Bei dieser Gelegenheit lernt Ajahn Brahm Prinz Andrew kennen. Er stellt fest, dass dieser auf dem besten Weg zum Kahlkopf ist, und kann nicht widerstehen zu sagen: »Wenn Sie noch mehr Haare verlieren, können Sie bald Mönch werden!« In typisch britischem Humor vereint, lachen beide darüber.

Der PR-Profi Ajahn Brahm weiß, wie wichtig Präsenz bei solchen Ereignissen für die buddhistische Sache ist. Aus diesem Grund nimmt er an internationalen Konferenzen wie der Global Conference on Buddhism teil, die 2015 in Perth abgehalten wird, oder 2016 am World Meditation Congress in Korea. Diese buddhistischen Großereignisse besuchen Tausende Menschen aus der ganzen Welt.

Mit Rat und Tat

Wenn Ajahn Brahm nicht seinen verschiedenen Aufgaben nachgeht, ist er tagtäglich mit Verwaltungsarbeiten beschäftigt, denn die Bürokratie macht auch vor Klöstern nicht halt. Er schult seine Mönche, bildet sie aus und steht Menschen, die auf der Suche nach Rat und Unterstützung ins Kloster kommen, für Gespräche zur Verfügung. Kostenlos. Eines der buddhistischen Prinzipien, nach denen die Mönche ihr Leben ausrichten, heißt: mit Freude geben, ohne dafür etwas im Gegenzug zu erwarten. Gelebter Altruismus.

Eines Tages ruft eine Frau im Kloster an und fragt Ajahn Brahm, was die Angebote des Klosters kosten. Ajahn Brahm sagt, dass alles umsonst sei. Die Frau fragt noch einmal, wie viel Eintritt man für die Dhamma-Reden zahlen müsse. Nichts, sagt Ajahn Brahm. Die Dame wird deutlicher: Dollar! Cent! Er verstehe sie wohl nicht. Sicher müsse man bezahlen, wenn man komme? Nein, sagt Ajahn Brahm, alles gratis. Aber die Beratungsgespräche, die kosten doch sicher etwas? Mit Engelsgeduld antwortet er abermals: Nein! Am anderen Ende der Leitung herrscht Schweigen. Dann fragt die Frau irritiert: »Aber was habt ihr denn dann davon?« Ajahn Brahm kann da nur lächeln. Die Arbeit des Klosters ist kostenlos, aber unbezahlbar.

Erstaunlich oft hilft er in Beziehungsfragen, was ihn immer wieder erheitert, schließlich lebt er seit über vierzig Jahren im Zölibat. Einmal ist er als Experte in eine Radioshow eingeladen, in der Zuhörer anrufen und Fragen stellen können. Zu seiner Überraschung ziemlich spezielle – er ist in einer Ratgebersendung für Sex und Beziehungen gelandet. Er erfährt erst vor Ort, dass es um »Erwachsenenthemen« geht. Brahm bleibt gelassen und verlangt nur, dass sein richtiger Name nicht on air ausgesprochen und gesendet wird. So heißt er einfach »Mr. Monk«. Und Mr. Monk tut, was er kann. Er scheint den Anrufern befriedigende Antworten geben zu können, denn die Rückmeldungen sind durchwegs positiv. Fast alle eingehenden Anrufe richten sich an ihn und nicht an die Sexologin, die ebenfalls zu Gast ist. Er glaubt: gerade weil er Mönch ist. Wer wäre nach dreißig Jahren im Kloster beziehungserfahrener als er?

Zwar hat er in der Show die meiste Arbeit erledigt, bezahlt wird er aber im Gegensatz zur Sexologin nicht. Zumindest nicht mit Geld, das dürfte er auch gar nicht annehmen, dafür bekommt er Schokolade. Bei einer anderen Radioshow erzählt ein Mann, dass er verheiratet sei und eine Affäre mit einer anderen Frau habe. Seine Frau habe davon keine Ahnung. Von Ajahn Brahm möchte er wissen, ob das in Ordnung sei. Der antwortet, dass der Anrufer sich das im Grunde selbst beantworten kann – denn wenn er sicher wäre, dass es in Ordnung ist, würde er ja wohl kaum anrufen und diese Frage stellen!

Immer noch arbeitet er gerne mit den Händen. Eines Tages kommt eine gut gekleidete, offensichtlich wohlhabende Frau aus Sri Lanka ins Kloster und fragt den erstbesten Mönch, der gerade schmutzig und staubig damit beschäftigt ist, Beton anzumischen, nach dem Abt Ajahn Brahm. Zufällig ist es Ajahn Brahm selbst, er aber erlaubt sich einen Spaß und schickt sie in eines der Gebäude, wo man sich um sie kümmern werde. Frisch geduscht trifft er sie wenig später, nimmt sich Zeit für sie und hilft ihr bei ihren Fragen. Als die Dame sich verabschiedet, bedankt sie sich herzlich. Und doch hat sie etwas zu kritisieren: Er dürfe als Abt keinesfalls zulassen, dass die Mönche draußen so dreckig herumlaufen und mit den Besuchern sprechen. Ajahn Brahm schmunzelt und verspricht, später mit dem schmutzigen Mönch zu reden.

Wer weiß schon, welcher Ajahn Brahm der echte ist. Harte Arbeit hält ihn auf dem Boden und hilft ihm, demütig zu bleiben – eine der wichtigsten Eigenschaften eines Mönchs. Ajahn Brahm scherzt gerne, dass er versuche, mit seiner Demut ins Guinness-Buch der Rekorde zu kommen. Der Elfenbeinturm ist nicht seine Sache, er möchte mitten im Leben bleiben. Seit jeher kümmert er sich gerne um die schwächeren Glieder der Gesellschaft. Er besucht zum Beispiel regelmäßig Gefängnisse, um den Häftlingen dort Beistand und spirituelle Unterstützung anzubieten.

Eine Geschichte, die Ajahn Brahm gerne erzählt, handelt von einem seiner Mönche, der Meditationsunterricht in einem Gefängnis anbietet. Eine Gruppe von Häftlingen erkundigt sich bei ihm danach, wie das Leben im Kloster aussieht. Der Mönch erzählt vom frühen Aufstehen, den wenigen Mahlzeiten, dass sie keinen Sex haben und keinen Alkohol trinken dürfen. Keinen Fernseher, kein Radio und keine Musik haben. Die Häftlinge sind fassungslos und fragen ihn, warum er freiwillig an diesem schrecklichen Ort lebe und ob er nicht zu ihnen ziehen wolle. Was sei der Unterschied? Der Mönch lächelt. Natürlich die Freiheit in der Entscheidung. Jeder Mensch, der ins Kloster geht, geht aus eigenem Antrieb dorthin, im Gegensatz zum Gefängnis. Es ist seine individuelle Freiheit, diese Art zu leben zu wählen. Und das bedeutet auch, frei zu sein von Wünschen und Bedürfnissen. Zufriedenheit zu finden in der Situation, in der man sich gerade befindet, ist die Aufgabe in allen Lebensumständen, sei es eine unbefriedigende berufliche Situation, eine unglückliche Beziehung oder auch eine Krankheit. Wir alleine haben die Macht, unsere Sicht auf die Dinge so zu wählen, dass wir zufriedener werden.

Ajahn Brahm besucht regelmäßig Krankenhäuser und Hospizstationen, um Kranken und Sterbenden beizustehen. Umgekehrt werden auch die Mönche aufgesucht, etwa von Krebspatienten, die nach Bodhinyana kommen, um mit ihnen zu meditieren. Ajahn Brahm weiß, wovon er spricht: Seine Mutter wird gegen Ende ihres Lebens dement. Hauptsächlich kümmert sich sein Bruder um sie, aber auch er reist mehrfach zu ihr nach England. Sie ist friedlich und ruhig, erkennt ihn aber nicht mehr. Ein eigenartiges Gefühl: Sie ist immer noch seine Mutter und ihm vertraut, dieselbe Person und doch völlig fremd, als wäre sie Teil einer anderen Welt. Als er einmal bei ihr sitzt, spricht sie nach einiger Zeit plötzlich das Wort »Kloster« aus. Vielleicht ein wacher Moment, ein letztes Erkennen.

So oder so sind diese Besuche wichtig für Ajahn Brahm. Schon seit geraumer Zeit beschäftigt er sich mit Körper, Geist und Bewusstsein. Hier sieht er einen Körper, dessen Geist sich schon weitgehend von seiner Hülle gelöst hat. Auch wenn seine Mutter ihn nicht mehr erkennt, weiß er doch, wie wichtig diese Besuche sind. Vielleicht mehr für ihn selbst, schließlich erinnert er sich gut an die gemeinsame Geschichte und ihre enge Verbindung. So gelingt es ihm loszulassen. 2012 stirbt Hazel Betts.

Ajahn Brahm erzählt von einem Arzt, der nicht mehr Arzt sein wollte. Er befand sich in einer existenziellen beruflichen Krise, weil er nicht all seinen Patienten helfen und sie heilen konnte. Dabei ist das Wesentliche nicht das Kurieren. Medizin und Körper setzen den ärztlichen Möglichkeiten Grenzen. Es ist unmöglich, jeden zu heilen, was aber jeder Arzt leisten kann, ist, sich zu kümmern. Das Gefühl, umsorgt und in guten Händen zu sein, bewirkt bei den Patienten, dass sie schneller gesund werden. Das gilt nicht nur für Ärzte. Sich kümmern kann jeder, zu jedem Zeitpunkt.

Meditation – ein Teil der menschlichen Kultur

Trotz aller Beanspruchung ist Ajahn Brahm glücklich, denn er lebt seinen Traum und ist genau dort angekommen, wo er sein möchte. Wenn er nicht auf Reisen ist oder anderen Pflichten nachgeht, meditiert er in jeder freien Minute. Wenn möglich, verbringt er bis zu zwölf Stunden am Tag zurückgezogen in der Stille. Vassa, die Regen-Residenz, ist eine wichtige Zeit, die Ajahn Brahm braucht, um sich zu erholen und seine Kräfte erneut zu sammeln. Immer wieder sucht er die Einsamkeit. 2007 zieht er sich für sechs Monate zurück, um zu schweigen. Sogar die Mahlzeiten werden vor seiner Tür abgestellt. Wie wird er sein, wenn er wieder unter Menschen ist? Manche befürchten, er könnte den Verstand verlieren. Nach dem halben Jahr kehrt Ajahn Brahm fried- und kraftvoller als jemals zuvor zurück. Bis heute ist die Meditation Quell seiner Energie und Inspiration. Langeweile gibt es darin nicht, im Gegenteil: Für ihn gibt es nichts Spannenderes, als in die Tiefe seines Bewusstseins einzutauchen.

Bewusstsein im Buddhismus

Was das menschliche Bewusstsein ausmacht und definiert, darüber sind sich Hirnforschung und Neurowissenschaften nicht einig. Grundlegende Fragen sind ungeklärt: Ist das Bewusstsein nur ein Produkt unseres Gehirns? Wenn ja, woher kommt es und ist es lokalisierbar? Oder gibt es einen reinen Geist, unabhängig vom Körper? Das Bewusstsein gilt als eines der großen Rätsel der Wissenschaft, die bei diesem Thema an ihre Grenzen stößt. Auch philosophisch ge-

sehen sind viele Fragen damit verknüpft: Woher kommt das Ich? Was macht unsere Persönlichkeit aus? Während Aristoteles den Menschen noch als »vernünftiges Tier« bezeichnet, zeichnet sich der Mensch nach Immanuel Kant durch die Fähigkeit aus, abstrakt denken und moralisch handeln zu können. Er hat ein Bewusstsein für Vergangenheit, Gegenwart und Zukunft und schafft durch Kunst, Literatur und Philosophie Dinge, die über direkten praktischen Nutzen hinausgehen. Er hat eine Identität und ein Bewusstsein.

Im Buddhismus gibt es im Gegensatz zu vielen anderen Religionen keine Seele, sondern nur Körper und Geist. Der materielle Körper ist dazu da, mithilfe der Sinne Erfahrungen zu machen. Der Geist wiederum besteht aus Bewusstsein und den sogenannten Geistesfaktoren. Während das reine Bewusstsein einfach nur existiert, haben die Geistesfaktoren viele verschiedene, eher trübende Einflüsse, wie Gefühle, Wahrnehmungen und Gedanken. Unter ihrem Einfluss wird das Bewusstsein unbeständig und verändert sich laufend, es wird zu einem Bewusstseinsstrom. Wir versuchen, aus dieser Unbeständigkeit ein konsistentes Bild zu erzeugen, eine der Ursachen von Leid. Das Bewusstsein kann man mittels Meditation beobachten und trainieren.

Die Erkenntnis, dass der Geist unruhig ist und dadurch eine Ursache von Unzufriedenheit, ist fast so alt wie die Menschheit, ebenso die Techniken, ihn unter Kontrolle zu bringen. Viele meditative Methoden haben ihren Ursprung in der Religion. Hinduisten, Buddhisten, Christen und Sufis, sie alle praktizieren verschiedene Wege, um an ein Ziel zu gelangen: zu einem klareren Geisteszustand, entspannt und wach zugleich.

In den 1960er- und 1970er-Jahren versuchen mehr und mehr Menschen, auch abseits religiöser Kontexte das Bewusstsein zu erweitern, zum Beispiel mit extremen Erfahrungen, mit Drogen, aber auch mit kognitiven Methoden.

Der Verstand, der menschliche Geist ist etwas Komplexes, schwer Greifbares. Im Gegensatz zum Körper ist er nicht an Raum und Zeit gebunden. Er ist schneller als das Licht und kann problemlos in Vergangenheit und Zukunft reisen. Wie groß unser Geist ist, zeigt folgende Anekdote: Ein Lehrer fragt die Kinder seiner Klasse, was das größte Ding im Universum sei. Die Antworten sind vielfältig: »mein Papa«, »ein Elefant«, »das Meer«. Ein Kind sagt darauf: »Nein, mein Auge ist das größte Ding! Es kann deinen Papa, den Elefanten und das Meer sehen. Alles passt hinein.« Als es zu Hause seinem Vater davon erzählt, schmunzelt der und sagt zu seinem Kind: »Du hast recht. Aber noch größer ist dein Bewusstsein! Es nimmt alles wahr, was deine Augen sehen, was du hörst, riechst und schmeckst. Es kann sich Dinge ausdenken und vorstellen. Es ist so unendlich groß, dass die ganze Welt und das Universum hineinpassen.« Eine der Lieblingsgeschichten von Ajahn Brahm, weil sie seine Wissenschaft und den Buddhismus verbindet.

Meditation ist im 21. Jahrhundert in der Mitte der Gesellschaft angekommen, denn ihre Wirksamkeit kann mittlerweile wissenschaftlich überprüft und mittels bildgebender Verfahren sichtbar gemacht werden kann. Das befreit sie endgültig vom Ruch der Esoterik, sie wird nicht mehr mit Gurus, Hippies und LSD-Experimenten in Verbindung gebracht.

Die ersten Studien fanden schon in den 1960er-Jahren statt, von Teilen der wissenschaftlichen Welt noch eher skeptisch beäugt. Heute ist das Thema geradezu modern: Pro Jahr erscheinen bis zu zweihundertfünfzig Studien über Meditation und Achtsamkeit. Die Forschung dringt zum Bewusstsein des Menschen vor, zu seinem innersten und am schwersten fassbaren Kern.

Zwar findet Meditation im Geist statt, ihre Wirkung ist aber auch physiologisch messbar. Nicht nur die Aktivität des Gehirns verändert sich und verlagert sich teils in andere Bereiche, sondern auch dessen Struktur. In der Anfangszeit wurden vor allem Mönche, die teilweise bis zu fünfzigtausend Stunden Meditationsübungen hinter sich hatten, untersucht. Später waren die Probanden ganz normale Menschen. Die Studien zeigen durchgehend, dass Meditation verschiedene psychische und physische Krankheitsbilder verbessern kann. Litten die Probanden an modernen Zivilisationskrankheiten, »modernen Epidemien«, wie Ajahn Brahm sie nennt, zum Beispiel an Stress, an Angstzuständen, Depressionen oder auch an Migräne und Rückenschmerzen, zeigte sich nach einem Zeitraum von nur zwei Monaten deutliche Besserung. Die Kranken waren wesentlich ausgeglichener und entspannter und konnten etwa bei Zwangsstörungen zwischen verschiedenen Handlungsoptionen wählen, was zuvor undenkbar gewesen war. Wer körperliche Schmerzen empfand, lernte, ihnen anders zu begegnen. Deshalb integrieren Ärzte Meditation mittlerweile auch unterstützend in die Therapie chronischer Krankheiten. Die Patienten werden ihr Leiden nicht los, aber sie lernen einen anderen Umgang damit. Die Ergebnisse sind eindeutig: Meditation wirkt. Ein Hinweis auf einen Zusammenhang zwischen Körper und Geist?

Mönche und Meditation

Man könnte sagen, Mönche meditieren hauptberuflich. Schon bei weltlichen Menschen lässt sich nach kurzer Meditation eine Wirkung nachweisen. Was passiert, wenn man über Jahre und Jahrzehnte intensiv Meditation praktiziert? Eine bekannte Studie dazu stammt von dem Neurowissenschaftler Richard Davidson von der University of Wisconsin aus dem Jahr 1992. Er beschäftigte sich schon lange mit der Frage, warum Menschen so unterschiedlich auf Krisen in ihrem Leben reagieren. Als er den Dalai Lama besuchte, stellte dieser ihm die Gegenfrage, wieso er sich so viel mit Ängsten und Depression beschäftige, anstatt Mitgefühl und Freundlichkeit zu erforschen.

Der Dalai Lama schickte acht seiner Mönche an Davidsons Universität nach Wisconsin, um ihre Gehirne mit denen normaler Menschen vergleichen zu lassen. Über Magnetresonanztomografie und Elektroenzephalografie maß Davidson ihre Gehirnaktivität während der Meditation.

Davidson stellte fest, dass die Mönche über ein sehr viel aktiveres linkes Frontalhirn verfügten als die Kontrollgruppe. Das zeichnet gewöhnlich Menschen mit einer positiven, optimistischen Grundstimmung und großer Gemütsruhe aus. Als das Aktivitätsniveau bei unterschiedlichen Meditationsobjekten gemessen wurde, zeigte sich der höchste Ausschlag bei der Meditation über das Gefühl Großzügigkeit.

In den Gehirnen der Mönche wiesen die Forscher zudem eine außergewöhnlich hohe Aktivität der Gamma-Wellen nach. Gamma-Wellen sind normalerweise zeitlich und räumlich begrenzt und nicht vorhersagbar. Hohe Ausschläge werden besonders in Phasen äußerster Konzentration gemessen. Bei den Mönchen waren die Werte während der Meditation wesentlich höher als die der Vergleichsgruppe. Sie waren entspannt und gleichzeitig hellwach.

Zudem wurde in den Gehirnen der Mönche eine erhöhte Aktivität der vorderen Inselrinde gemessen. Nach dem derzeitigen Stand der Forschung hat diese höhere Aktivität einen positiven Einfluss auf die Organe, das Immun- und das endokrine System.

Ein mögliches Fazit: Die Mönche hatten Liebe, Großzügigkeit und Mitgefühl über Jahre kultiviert. Das schlug sich in der Struktur ihres

Gehirns nieder. Und nicht nur das, auch die Wirkung auf den restlichen Körper war bemerkenswert.

So sehr man aber auch versucht, das Gehirn zu erforschen, man weiß immer noch nicht, wie Meditation genau wirkt. Trotzdem sagt Richard Davidson: Jeder kann Verantwortung dafür übernehmen, was in seinem Gehirn passiert, und kann durch mentales Training Körper und Psyche positiv beeinflussen.

Arten der Meditation

Wer sich für Meditation interessiert, kann unter ganz unterschiedlichen Methoden auswählen. Es gibt aktive und passive Varianten. Zu den aktiven gehören Geh- oder dynamische Meditationen, hier ist Bewegung das Wesentliche. Bei passiven Varianten sitzt oder liegt man still. Es gibt freie und angeleitete Meditationen, Varianten, in denen man laut oder still ein Mantra wiederholt, oder Atem- und Achtsamkeitsmeditationen. Alle dienen demselben Zweck, nämlich den Geist zu beruhigen und trotzdem hellwach zu sein. Der Kern ist immer derselbe, Buddha beschreibt ihn so: Liebe dich selbst und beobachte – heute, morgen, immer.

Jeder kann meditieren. Oder, wie Ajahn Chah sagte: Wenn du atmest, kannst du auch meditieren. Ajahn Chah vergleicht den menschlichen Geist mit einem Teich. Er scheint klar und rein, bis etwas das Wasser in Bewegung bringt. Dann werden die am Boden liegenden Schmutzpartikel aufgewühlt und der Teich trübe. Der menschliche Geist verhält sich analog dazu. Einflüsse von außen trüben unser Bewusstsein genauso wie Emotionen. Durch Meditation können wir es klären und stabilisieren, sodass es nicht mehr so leicht in Unruhe gebracht werden kann.

Anleitung zur Meditation nach Ajahn Brahm

Meditation entspannt, ist aber zugleich wesentlich mehr als reine Entspannung. Hat man den richtigen Ansatz gefunden, kann man den Geist wie ein Instrument oder eine Sportart trainieren und schulen. Ist der Einstieg geschafft, lassen sich die Effekte der Meditation problemlos in den Alltag integrieren. Ajahn Brahm ist, mit über vierzig Jahren Erfahrung, ein Meister der buddhistischen Achtsamkeitsmeditation. Er unterrichtet, was er selbst kennt und schätzt, und kann deshalb gut vermitteln, worauf es ankommt.

Der Ausgangspunkt: Loslassen

Heute haben viele Menschen eine schlechte oder auch gar keine Beziehung zu Körper und Geist. Ajahn Brahm sagt, wenn unser Atem uns kommen sieht, möchte er am liebsten davonrennen. Wir möchten alles kontrollieren und in der Hand behalten, das ist einer der Gründe, warum der Einstieg in die Meditation so schwierig ist. Meditation fällt einem nicht einfach in den Schoß, man muss sich auf sie einlassen, ihr gewissermaßen einen Weg bereiten. Sie ist ein Prozess mit Fort- und Rückschritten. Wenn man aufhört zu denken und nichts erreichen möchte, stehen die

Chancen gut, in meditative Zustände zu gelangen. Eine der Voraussetzungen für Meditation ist die Achtsamkeit.

Achtsamkeit

Achtsam zu sein bedeutet, sich in jedem Moment voll bewusst zu sein, was in und um einen herum geschieht. Achtsamkeit muss man üben, denn der Mensch liebt Routinen, er will Entscheidungen im Alltag automatisieren und vereinfachen. Die Kehrseite davon kann sein, dass wir innerlich auf Autopilot umschalten, unbewusst handeln und nicht mehr im Jetzt sind. Diese Situation kennt jeder: Morgens beim Zähneputzen denkt man schon ans Frühstück, während des Frühstücks an den Weg zur Arbeit und während man im Auto sitzt an die Besprechung am Nachmittag. Im Achtsamkeitstraining lernt man, bewusster auf den Moment zu achten und sich zu fragen, was man gerade macht, was man dabei denkt und wie man sich fühlt. So kann man mit der Zeit das übliche Gedankenkarussell stoppen und gelassener werden.

Unser Geist ist es gewohnt, rasch zwischen Vergangenheit und Zukunft zu wechseln. Ajahn Brahm beschreibt das als zwei schwere Koffer, die man immer mit sich herumschleppt. Viele Menschen meinen, Erleichterung und Verständnis zu erfahren, indem sie über die Vergangenheit nachdenken. Sie vergessen dabei, dass der Geist trügerisch ist. Man sieht das, was war, wie durch eine Linse, die das Bild verzerrt, und ist dennoch davon überzeugt, die Wahrheit, die Realität zu sehen. Dabei ist sie subjektiv. Man muss sich nur vorstellen, wie zwei Personen, die ein- und denselben Autounfall beschreiben sollen, das nach bestem Wissen und Gewissen tun, aber völlig verschiedene Situationen schildern. Die Erinnerung narrt uns.

Im buddhistischen Weltbild war man in der Vergangenheit schlichtweg eine andere Person. Deswegen ist es sinnlos, in Vergangenem herumzustochern und es wieder und wieder zu analysieren – eine Kritik auch an der Psychoanalyse, die genau darin die Lösung sucht. Ajahn Brahm nennt die Vergangenheit schlicht Vergangenheit und hält sie damit für nicht mehr relevant. Während der Meditation soll man diesen Koffer einfach stehen lassen und am besten nicht zurückschauen, vergessen, wer man ist, woher man kommt, wie man heißt und was man arbeitet.

Das Gleiche gilt für die Zukunft: Unsere in die Zukunft gerichteten Gedanken beziehen sich auf etwas, was möglicherweise nie passieren wird.

Trotzdem steigern wir uns gerne in Ängste hinein und halten an vielen Glaubenssätzen, Mustern und Gewohnheiten fest, obwohl wir wissen, dass sie uns nicht guttun.

Die rechte und linke Gehirnhälfte

Den beiden Hemisphären unseres Gehirns hat man lange völlig unterschiedliche Fähigkeiten zugesprochen. Die linke Hälfte galt als analytische, rationale, abstrakte, sprachbegabte Seite, die rechte als kreative, ganzheitliche, musische und intuitive. Mittlerweile weiß man, dass die Trennung nicht so strikt ist und sich ihre Fähigkeiten zum Teil auch überlagern. Dennoch verarbeiten beide Hälften Informationen auf unterschiedliche Art und Weise.

Die rechte Gehirnhälfte verarbeitet die aufgenommenen Sinneseindrücke und stellt so eine Art Collage her, die den gegenwärtigen Moment möglichst vollständig widerspiegelt. Die linke Gehirnhälfte analysiert und trennt. Sie definiert die Grenzen unseres Körpers in Bezug zu unserer Umwelt, definiert das Ich und filtert die Information, die die rechte Hälfte zur Verfügung stellt, nach einem individuellen System auf ein handhabbares Maß. Damit konstruiert sie dann ein für uns schlüssiges Weltbild.

Dass dieses Weltbild sehr subjektiv geprägt ist oder, drastischer formuliert, relativ wenig mit einer objektiven Realität zu tun hat, kann man gut an der Funktionsweise von optischen Täuschungen erkennen. Der blinde Fleck kann als Beispiel dienen. In unseren Augen, genauer auf der Netzhaut, gibt es jeweils eine Stelle, an der der Sehnerv austritt. Diese ist lichtunempfindlich. Eigentlich müssten wir also immer einen leeren Fleck in unserem Sehfeld wahrnehmen. Unser Hirn akzeptiert diese Leerstelle nicht und füllt sie, von uns unbemerkt, mit der wahrscheinlichsten Information aus. Das hat zur Folge, dass wir wider besseres Wissen ein zusammenhängendes Bild sehen. Dieses Phänomen lässt sich mit einem einfachen Experiment überprüfen.

Auf ein Blatt Papier zeichnet man mit etwa zehn bis fünfzehn Zentimetern Abstand ein X und einen Kreis. Jetzt hält man das Blatt in dreißig Zentimetern Entfernung vor sich, hält das linke Auge zu und fixiert mit dem rechten das X. Bewegt man das Blatt langsam vor den Augen, verschwindet in einer bestimmten Position der Kreis und taucht dann kurz darauf wieder auf.

Unser Gehirn setzt den gegenwärtigen Moment in Bezug zur Vergangenheit und entwirft Pläne und Handlungsempfehlungen für die Zukunft. Seine beiden Seiten arbeiten zusammen und schaffen ein einheitliches Bewusstsein. Kulturbedingt dominiert aber meist die linke Gehirnhälfte. Untersuchungen zeigen, dass über meditative Techniken die Aktivität der beiden Hemisphären ausgeglichen werden kann.

Einfach anfangen

Wenn man in der Meditation noch nicht sehr geübt ist, wählt man am besten eine Methode aus und versucht, eine Zeit lang dabeizubleiben. Meditation erfordert gleichermaßen Disziplin und die Fähigkeit loszulassen. Daran arbeitet man möglichst ohne Erwartung. Laut Ajahn Brahm gibt es keine schlechte Meditation, nur eine, die man selbst als schlecht oder ungenügend empfindet. Meditation ist eine Momentaufnahme, der nächste Tag kann schon ganz anders sein.

Ajahn Brahm erzählt von einer Frau, die ihm während eines Meditationsretreats in Sydney an einem Abend berichtete, dass sie den ganzen Tag über wütend auf ihn gewesen sei. In der Morgenmeditation, weil sie diese als extrem unangenehm und lästig empfunden und Brahm ihrer Meinung nach viel zu spät geläutet habe, um sie zu beenden. Und abends, weil ihre Meditation wunderbar und leicht, aber viel zu kurz gewesen sei. Dabei waren beide Einheiten exakt gleich lang gewesen. Man sieht: Jede Meditation ist anders und wird subjektiv empfunden.

Ajahn Brahm formuliert verschiedene Schritte, die nach und nach in unterschiedlich tiefe Zustände von Meditation führen. Jeder einzelne Schritt braucht Zeit, Geduld und Übung.

Erster Schritt: Sich des Moments bewusst sein

Man schafft möglichst angenehme Voraussetzungen und sorgt dafür, dass man nicht gestört wird. Dann konzentriert man sich, am besten bequem am Boden sitzend oder liegend, voll und ganz auf das, was im Moment geschieht und was unser Gehirn über die Sinne erreicht. Alles, was war und was sein wird, ist nicht relevant. Vielleicht hört man Geräusche im Haus oder von draußen, vielleicht findet man den Sitz bequem oder unbequem, ein Fuß schläft ein, oder man spürt irgendwo ein Jucken. Man versucht, das alles bewusst wahrzunehmen. Bringt man den Körper äußerlich zur Ruhe, spürt man besser, was sich im Inneren abspielt. Vielleicht fühlt man etwas, denkt nach oder träumt. Es geht nur darum zu bemerken, dass das geschieht.

Der Geist ist es gewohnt, unkontrolliert in alle möglichen Richtungen zu schweifen. Er erinnert sich, er plant, er bewertet, interpretiert und fantasiert. Das liegt in seiner Natur und ist seine große Stärke. Es gelingt erst nach langem Training, ihn im Moment zu halten. Wenn er umherschweift und man das wahrnimmt, holt man ihn sanft zurück. Zukunft und Vergangenheit verlieren an Bedeutung, und der Moment wird nach und nach wichtiger. Man versucht, die Dinge, die man wahrnimmt, nur kurz zu benennen und sie dann nicht weiter zu beachten. Bellt draußen ein Hund, geht es nur darum, diese Tatsache zu registrieren, um nichts weiter. Nicht an den Hund der besten Freundin zu denken oder an den, den man als Kind hatte. Es geht nur um den Moment. Hat man diesen ersten Schritt verinnerlicht und fühlt sich wohl damit, ist es an der Zeit, weiterzugehen.

Zweiter Schritt: Sich in Stille des Moments bewusst sein

Im zweiten Schritt versucht man, die Dinge, die man wahrnimmt, nicht mehr zu benennen. Die innere Stimme, die alles kommentiert und bewertet, unser innerer Kritiker, ist oft verantwortlich für Angst, Schuld und Depression. Wie ein schlechter Fernsehkommentator verfälscht er das, was eigentlich passiert. Man misst ihm so viel Bedeutung bei, weil wir gelernt haben, dass unser Denken wichtig ist, und wir ihm deshalb bereitwillig alle Macht überlassen.

Wenn man erkannt hat, dass es diesen inneren Kritiker gibt, ist man schon einen Schritt weiter. Man kann dessen Wertungen besser einordnen, und mit der Zeit gelingt es einem auch, sich weniger damit zu identifizieren. Nach und nach fällt es einem immer leichter, in den Moment und die darin liegende Stille zu gelangen. Zu dieser Stille hat man immer Zugang, aber meistens überdeckt das Denken sie mit seiner Aktivität. Lernt man, aufmerksam zu beobachten, bleibt gar keine Zeit für Bewerten und Kommentieren. Dabei kann es helfen, die Pause zwischen zwei Gedanken zuerst wahrzunehmen, sich dann darauf zu konzentrieren und sie allmählich zu verlängern. Wahrscheinlich gelingt das anfangs nur für einen Augenblick, aber das ist irrelevant. Mit der Zeit kann man diesen Moment der Stille ausdehnen.

Eine wichtige Voraussetzung ist es, Geduld zu haben und sich selbst die nötige Zeit zu geben. Meditation ist eine sanfte Übung, in der man nichts erzwingen kann. Hier kommt man mit Geduld am schnellsten ans Ziel.

Auch im zweiten Schritt gilt: Wenn man die Methode verstanden hat und es mühelos gelingt, sich still des Moments bewusst zu sein, ist man bereit für die nächste Stufe. Viele brauchen lange für die ersten beiden Schritte, einige haben damit auch schon ihr Ziel erreicht.

Dritter Schritt: Sich in Stille des Atems bewusst sein

Langsam haben wir den Geist daran gewöhnt, Vergangenheit und Zukunft weniger wichtig zu nehmen, den Moment wahrzunehmen und darin zur Ruhe zu kommen. Im dritten Schritt wählt man ein Meditationsobjekt, auf das man seine Aufmerksamkeit richtet. Dieses Objekt kann der Atem sein oder ein Gefühl wie Metta, die liebevolle Güte.

Wenn man den Atem wählt, richtet man bei der Meditation sein volles Bewusstsein zuerst auf die Einatmung und dann auf die Ausatmung.

Viele Übende beginnen zu schnell mit dem dritten Schritt. Wenn der Geist noch nicht bereit ist, wird man während der Meditation unruhig, denn unser Geist liebt die Vielfalt, nicht die Einheit. Ajahn Brahm hat dafür ein Bild: Unsere Sinne sind wie sechs Telefone, die andauernd und gleichzeitig klingeln. Was für eine Erleichterung, wenn nur noch eines klingelt oder am besten gar keines mehr.

Er empfiehlt eine Übung: In aller Ruhe geht man die ersten drei Schritte der Meditation der Reihe nach durch. Ist man bei der Beobachtung des Atems angelangt, beginnt man wieder von vorne. So begreift man immer besser, dass die einzelnen Schritte aufeinander aufbauen und einer die Voraussetzung für den anderen ist.

Manche Meditationslehrer empfehlen einen Ort für die Beobachtung des Atems, etwa die Nasenspitze oder den Bauch. Ajahn Brahm rät davon ab. Anstatt auf den Atem richte sich die Aufmerksamkeit dann nur noch auf die Nasenspitze, sodass man vom eigentlich Wichtigen abgelenkt sei.

Vierter Schritt: Volle, andauernde Aufmerksamkeit auf den Atem

Im vierten und letzten Schritt übt man, im Moment zu bleiben und völlig im Atem aufzugehen. Man folgt dem Atem und verpasst keinen Moment der Einatmung, keinen Moment der Ausatmung und auch nicht die kleine Pause vor dem nächsten Atemzug. Irgendwann verschwindet auch das Bewusstsein für den Atem, und man tritt in einen neuen Zustand ein. Ajahn Brahm verwendet lieber das Wort Aufmerksamkeit anstatt Konzentration, weil Letzteres für ihn Anstrengung oder sogar Kampf impliziert. An diesen Punkt gelangt man nur durch Übung, Geduld und Zulassen – nicht durch Willenskraft. Man kann es zwar schaffen, mit Willenskraft zu meditieren, allerdings währt die Meditation auf diese Weise nicht sehr lange. Lässt man Meditation einfach geschehen, und zwar in seinem eigenen Tempo, erfährt man die Schönheit und die Ruhe, die im Moment liegen.

Man erfährt Einheit statt Vielfalt. Die Buddhisten nennen das Nimitta.

Nimitta

Um eine Idee davon zu bekommen, was ein Nimitta ist, sagt Ajahn Brahm sinngemäß, dass man sich seinen Geist in seinem ruhigsten, strahlendsten Zustand vorstellen soll. Ein Nimitta erfährt man, wenn man die Wahrnehmung der fünf Sinne überwunden hat. Nimittas werden von vielen erfahrenen Meditierenden oft als Lichtphänomene beschrieben, werden aber rein über den Geist wahrgenommen.

Der vierte Schritt ist wie ein Sprungbrett in noch tiefere meditative Zustände. Taucht man darin ein, spürt man den Körper nicht mehr, man nimmt auch den Atem nicht mehr wahr, und an seine Stelle treten Gefühle wie Friede, Freiheit und Glück. Die Buddhisten nennen diese Zustände Jhanas.

Jhanas

Jhanas gehen der Erleuchtung voraus und sind Bewusstseinszustände, die aus tiefer Konzentration heraus entstehen. Der reine Geist, der in Nimitta noch präsent ist, verschwindet. Jhanas müssen nicht zwingend in Zusammenhang mit Meditation stehen, sie können auch spontan und ungeübt eintreten. Man kann sie schwer in Worte fassen, denn es handelt sich um Zustände jenseits unserer sinnlichen Wahrnehmung, ähnlich wie Trance, aber dennoch hellwach, losgelöst vom Ich. Jhanas werden in allen Religionen, die kontemplative Techniken nutzen, beschrieben. Die Buddhisten sprechen von insgesamt neun Jhanas. Ajahn Brahm ist einer der wenigen, die versucht haben, die Jhanas zu beschreiben.

Ajahn Brahm empfiehlt, Achtsamkeit nicht nur in der Meditation zu kultivieren, sondern sie auch zu einem Bestandteil des Alltags zu machen. Auch Ajahn Chah lehrte seine Schüler, dass die Art und Weise, wie man sein Leben führt, Einfluss auf die Qualität der Meditation nimmt. Wie bei vielen Dingen im Leben gilt auch hier: Man bekommt zurück, was man investiert. Es lohnt sich, diesen Übungen eine Chance zu geben und zu beobachten, ob sich Veränderungen feststellen lassen. Wenn die Antwort positiv ist, bleibt man mühelos dabei.

Es gibt konkrete Ratschläge, wie es leichter gelingt, eine regelmäßige Meditationspraxis zu etablieren:

1. Immer zur selben Zeit meditieren.
2. Immer am selben Ort meditieren.

Beides sollte man mit Bedacht wählen und möglichst so, dass man ungestört ist, der Ort aufgeräumt ist und man sich dort wohlfühlt. Diese Zeit ist der Meditation vorbehalten.

3. Nie für einen bestimmten Zweck meditieren.
4. Zuerst bewusst den Körper entspannen, dann den Geist.
5. Achtsamkeit: Sich nicht auf das Was, sondern auf das Wie konzentrieren.

6. Von Zeit zu Zeit in der Gruppe meditieren. Das stärkt die eigene Praxis, und man findet Menschen, die die gleiche Leidenschaft teilen. Es gibt organisierte Retreats über ein Wochenende oder länger mit der Gelegenheit, sich ausschließlich mit Meditation zu beschäftigen.
7. Damit man es schafft, regelmäßig zu meditieren, benötigt man Disziplin und eine Methode. Während der Meditation ist wiederum das wichtigste Prinzip: Loslassen. Nirgendwohin zu wollen. Sich nicht selbst im Weg zu stehen.
8. Nicht zu viel über Meditation lesen. Theorie und Praxis sollen sich die Balance halten.
9. Einfach anfangen.

Mögliche Hindernisse

Die fünf Sinne

Die sinnliche Wahrnehmung, über die der Mensch seine Umwelt erfährt, erschwert die Meditation. Wir sind darauf angewiesen zu sehen, zu hören, zu fühlen, zu riechen und zu schmecken. Das gibt uns Orientierung in der Welt, deshalb ziehen uns Sinneserlebnisse oft magisch an. In extremer Form sucht man obsessiv Befriedigung in Sex, Essen, Musik etc., um unangenehme Sinneseindrücke mit angenehmen zu überdecken. Die Befriedigung ist aber nur kurzfristig. Über kurz oder lang tritt ein Gefühl von Leere, Verlust oder Isolation ein, die unvermeidliche Kehrseite des Ganzen. Das Problem ist, dass nicht die Sinne dem Körper dienen, sondern umgekehrt. Der Körper dient den Sinnen, die ihn mit unterschiedlichen Bedürfnissen durch die Welt treiben.

Die Sinne liefern die Informationen, aus denen unser Gehirn unser Bild von der Welt erzeugt. In was für einer Welt leben wir heute: Sie überflutet uns pausenlos mit Reizen und einer Menge an Information, die wir nicht mehr verarbeiten können. Wie soll der Geist da nicht ruhelos sein? Was Abhilfe schafft, ist allein, das Muster zu durchschauen und ein Bewusstsein dafür zu entwickeln, wie die Sinne arbeiten, und den Eindrücken, die uns erreichen, weniger Wichtigkeit beizumessen.

Negative Gefühle

Negative Emotionen wie Wut, Verbitterung, Feindseligkeit oder auch Hass erzeugen in uns eine ablehnende Haltung. Darunter fällt auch die Abneigung gegen Meditation. Man lehnt sie ab, damit der Geist nicht zur Ruhe kommen muss. Das Gegenmittel gegen Negativität ist die Konzentration auf Metta, liebevolle Güte. Man versucht, in sich ein Gefühl bedingungsloser Liebe zu erzeugen, vergleichbar mit der Liebe einer Mutter zu ihrem Kind. Metta kann man bewusst auf jedes Objekt richten.

Faulheit und Trägheit

Faulheit und Trägheit schlagen sich in einem dumpfen, müden, schweren Gefühl nieder, in einem Mangel an Energie. Der

Versuch, in einem trägen Zustand zu meditieren, ist Zeitverschwendung. Bevor man sich zu sehr quält, sollte man lieber eine Pause machen und später mit der Meditation fortfahren.

Ruhelosigkeit

Einen extrem unruhigen Geist kann man kaum besänftigen. Ruhelosigkeit kann ihren Ursprung in schlechtem Gewissen oder Gefühlen der Reue oder Schuld haben. Ajahn Brahm erklärt das mit dem berühmten Monkey-Mind-Vergleich: Wie ein wild gewordener Affe von einem Baum zum nächsten hüpft und nicht eingefangen werden kann, so springt der Geist von einem Thema, von einem Objekt zum nächsten, ohne dass er irgendwo Befriedigung findet. Es hilft, zufriedener zu werden und sowohl sich selbst als auch anderen gegenüber weniger kritisch zu sein. Während der Meditation möchte ein ruheloser Geist möglichst schnell zur nächsten Stufe. Den schnellsten Fortschritt macht man, wenn man mit dem Zustand zufrieden ist, in dem man sich gerade befindet. Mithilfe der Meditation der Realität zu entfliehen und sie auszublenden funktioniert nicht. Wenn man ein schlechtes Gewissen spürt, ist es vielleicht an der Zeit, mit ein paar Dingen in seinem Leben aufzuräumen.

Zweifel

Kann ich meditieren? Mache ich es richtig? Hatte Buddha recht mit seiner Lehre? Der Zweifel daran, tiefe meditative

Zustände überhaupt erlangen zu können und ob man es auf die richtige Art und Weise versucht, ist ein massives Hindernis und kann zu einem Gefühl von Orientierungslosigkeit führen. Ein guter Meditationslehrer, der anleitet und Fragen beantwortet, kann hier Abhilfe schaffen. Es tut gut zu wissen, dass vor uns schon viele Menschen diese Probleme während der Meditation hatten.

Für Ajahn Brahm ist Meditation ein großes Geschenk. Sie ermöglicht, einen Blick auf das Gesamtbild zu werfen, unser Leben in einen größeren Kontext zu stellen. Man erkennt die Begrenztheit des Lebens durch Krankheit, Alter und Tod, aber auch die Möglichkeiten, die sich dadurch bieten. Es liegt in der menschlichen Natur, sich immer erst mit unangenehmen Themen zu beschäftigen, wenn sie unausweichlich werden. Die buddhistische Lehre lenkt den Blick auf die Wahrheit hinter den Dingen, die Vergänglichkeit von allem. Wer sich rechtzeitig damit beschäftigt, vermeidet Enttäuschungen, kann Dukkha mindern und frei werden. Die Freiheit dazu liegt letzten Endes in uns selbst.

Buddhismus goes West

Das allgemeine Interesse ist nicht nur an Meditation groß, sondern auch an dem, was dahinter steht: an den spirituellen Fragen, die die Menschheit mehr denn je zu beschäftigen scheinen. Sie hat heute mehr Wissen zur Verfügung als jemals zuvor. Mehr Antworten werfen aber anscheinend auch mehr Fragen auf. Es fehlt der Sinn, es fehlt etwas Übergeordnetes, nach dem man sich ausrichten kann. Die Menschen bemerken, dass egal, welches politische System oder welches Lebensmodell man wählt, die Probleme und die Fragen dieselben bleiben, und das seit Tausenden von Jahren.

Daraus erwächst heute eine große Schar von Glücksrittern – und die dazugehörige Industrie gleich mit. Man geht auf Sinnsuche, liest stapelweise Bücher, steigt auf Berge, detoxt, bucht Yogakurse und Selbstfindungsseminare in der Erwartung, dass Glück wie eine Gleichung ist, die aufgehen muss. Aber geht es dem Individuum wirklich um Glück? Oder geht es vielleicht darum, einem System zu dienen, das Perfektion und Hochglanz à la Hollywood fordert? Wir sollen Manager unseres Lebens sein, und als solche fokussieren wir uns gerne auf die Fehler und das, was nicht funktioniert. Die Folgen sind Frustration, Depressionen, Ängste und Krankheiten.

Der Buddhismus mit seinem philosophischen Hintergrund, seiner klugen Psychologie und seiner atheistischen Haltung ist da attraktiver, gerade in der westlichen Welt. Die Menschen sind enttäuscht von den christlich-abendländischen Religionen, die sie als rigide und unzeitgemäß empfinden, und wenden sich von ihnen ab. Die universellen Lebensfragen aber bleiben. Im Lauf des 20. Jahrhunderts ist das Interesse am Buddhismus in Europa und Nordamerika daher mehr und mehr gewachsen. Er fasziniert aus verschiedenen Gründen. Sein Weltbild ist ein völlig anderes, ein non-dualistisches. Es legt die Einheit allen Seins, den Bezug von allem zu allem zugrunde. Danach ist das Ich ein Konstrukt, erzeugt vom menschlichen Verstand, und letztlich eine Illusion. Der Buddhismus bietet ein Weltbild, mit dem auch nüchterne, wissenschaftsgläubige Menschen etwas anfangen können. Denn Buddha selbst lehrte, alles zu hinterfragen und nichts als gegeben vorauszusetzen.

Das buddhistische Menschenbild ist optimistisch. Durch eigenverantwortliches Handeln, basierend auf ethischen Verhaltensregeln, und mithilfe von Meditationsübungen arbeitet man an sich selbst, sowohl kurz- als auch langfristig. Man muss gar nicht so weit gehen und von Erleuchtung sprechen, um von diesen Methoden zu profitieren. Viele wählen eine Art »Buddhismus light« und nehmen das, was ihnen sinnvoll erscheint und nützt. Kritiker sprechen sogar von einer »Trend-Religion«. Wer sich stärker an die buddhistische Gemeinschaft anbinden möchte, nutzt die Strukturen des Sangha.

Die Leitfiguren des Buddhismus werden in der öffentlichen Wahrnehmung oft fast unreflektiert positiv bewertet. Sie stehen als Sinnbilder für Weisheit, Ruhe und Disziplin, allen voran der Dalai Lama als Vertreter des tibetischen Buddhismus, der im Westen sicherlich die bekannteste buddhistische Persönlichkeit ist, insbesondere wegen seines politischen Engagements.

Auch der Buddhismus muss sich Fragen und Kritik stellen, aber dennoch sind westliche Menschen fasziniert von dieser Religion, die es schafft, seit Jahrhunderten Asien, und damit ein sehr großes geografisches Gebiet, zumindest in spiritueller Hinsicht zu einen. Ajahn Brahm ist einer ihrer modernen Vertreter und hat es geschafft, einen Draht zu Hunderttausenden von Menschen auf der ganzen Welt zu finden.

Bücher

Ajahn Brahms Lehre existiert zuerst einmal in gesprochener Form. Er hält seine Dhamma-Reden, wie es die Tradition will, spontan und aus dem Bauch heraus. Der Gedanke, die Geschichten, die er darin einfließen lässt und die ihn so beliebt machen, in Büchern zusammenzufassen und so einem noch größeren Publikum zugänglich zu machen, liegt nahe. Und Ajahn Brahm liebt neue Projekte. Er hat mehr als genug Material, aus dem er schöpfen kann. 2004 veröffentlicht er in Australien sein erstes Buch. Es heißt auf Deutsch *Die Kuh, die weinte* und hat auch in Europa und Nordamerika großen Erfolg. Es ist in fünfzehn Sprachen übersetzt und wird in fünfundzwanzig Ländern auf der ganzen Welt verkauft: ein Bestseller. Ajahn Brahm erzählt, wie er erschrak, als er in Singapur eine Buchhandlung betrat – und sich plötzlich selbst gegenüberstand: als lebensgroße Pappfigur. Er ist endgültig eine Berühmtheit, auch in der westlichen Welt. Im asiatischen Raum wächst seine Bekanntheit weiter. 2014 folgt mit *Der Elefant, der das Glück vergaß* die zweite Geschichtensammlung, außerdem verfasst er mehrere Werke zum Thema Meditation. Bis zu einer Million seiner Bücher wurden mittlerweile verkauft. 2016 erscheint mit *Kindfulness* ein weiteres, zuerst nur auf Englisch.

Durch seine Bücher hat Ajahn Brahm die Möglichkeit, ein noch breiteres Publikum zu erreichen, besonders im Westen. In ihnen verpackt er die großen buddhistischen Themen auf ungewöhnliche und ansprechende Art. Wie auch in seinen Reden ist das der Schlüssel zum Erfolg. Die Geschichten sind kurz, humorvoll, mit Tiefgang und Moral. So erreicht er auch Menschen, die nur vage am Buddhismus und an spirituellen oder philosophischen Themen interessiert sind.

Der Mensch und das Glück

Dukkha, das Leiden, beinhaltet alle Aspekte, mit denen sich Menschen im Allgemeinen beschäftigen und die Probleme bergen: Krankheit, Liebe, Arbeit, Geld, Beziehungen, negative Emotionen, Angst, Unfreiheit. In der Summe geht es darum, wie mit all diesen unvermeidlichen Punkten umzugehen ist, wie man glücklich und zufrieden werden kann.

Diese Frage ist bei Ajahn Brahm zentral und taucht in seinen Reden oder seinen Büchern immer wieder auf. Er ist ein großer Menschenfreund, kennt die Psyche und all unseren kleinen und großen Fehler in- und auswendig. Skeptisch zeigt er sich gegenüber der Erwartungshaltung in Bezug auf Glück und Perfektion, die die Menschen in den modernen westlichen Gesellschaften haben.

Der US-amerikanische Psychologe Abraham Maslow beschreibt in seiner Bedürfnispyramide modellhaft die menschlichen Bedürfnisse und Gründe für Motivation. Sind erst einmal Grundlagen wie Essen, Trinken, Kleidung, Sexualität und Sicherheit befriedigt, geht es um die konkrete und abstrakte Absicherung von Materiellem und Immateriellem. Auch das Bedürfnis nach sozialen Kontakten und Kommunikation, zu Freunden und Familie, ist wichtig. Nicht zuletzt möchte man sich individuelle Wünsche erfüllen und sich selbst verwirklichen. Nicht alles sukzessive, die einzelnen Bereiche können sich auch überlappen und sind für jeden Einzelnen von unterschiedlicher Bedeutung.

Gerade an den Menschen der westlichen Welt, die sich am oberen Ende dieser Pyramide bewegen können, sieht man heute, dass die Erfüllung von Wünschen nicht zwangsläufig mit Glück gleichzusetzen ist. Vielmehr kommen sie mit der Fülle an Optionen nicht zurecht.

Brahm thematisiert immer wieder das Glück, obwohl der Buddhismus vielmehr die Freiheit von Leid zum Thema hat. Der Philosoph Arthur Schopenhauer, der sich eingehend mit dem Buddhismus beschäftigte, schrieb: »Um nicht sehr unglücklich zu werden, ist das sicherste Mittel, dass man nicht verlange, sehr glücklich zu sein.«[17] Auch ihm ging es um Balance, um einen Mittelweg frei von Extremen.

Von Entscheidungen und Zufriedenheit

Bei zu vielen Optionen und Unsicherheit über die richtige Entscheidung weiß Ajahn Brahm einfachen Rat: Man wirft eine Münze und legt vorher fest, für welche Entscheidung jede ihrer Seiten steht. Wirft man sie, weiß man im Moment, in dem sie landet, intuitiv, ob man mit dem Ergebnis zufrieden ist oder nicht. Das kann eine Möglichkeit sein, eine vielleicht schon unbewusst feststehende Entscheidung zu erkennen und dann zu treffen.

In vielen Fällen kommt es nicht so sehr darauf an, wie wir uns entscheiden. Nur wir selbst nehmen die Entscheidung so wichtig. Die Buddhisten legen Kategorien wie richtig oder falsch gar nicht fest, deshalb gibt es auch keine strafende Instanz oder Ähnliches. Das, worauf es ankommt, ist, wie wir mit der Entscheidung umgehen. Auch der historische Buddha beschäftigte sich mit diesem Thema und gab folgende Hinweise:

1. Nicht aus Gier oder aus großem persönlichem Interesse handeln
2. Nicht aus Rache oder Böswilligkeit handeln
3. Nicht aus Unwissen oder Ignoranz handeln

4. Nicht aus Angst handeln

Diese Kriterien können helfen, die eigene Entscheidungsfindung zu überprüfen und dabei aus einer Art Vogelperspektive auf das Gesamtbild zu blicken. Aus buddhistischer Sicht ist man auf der sicheren Seite, wenn man aus Mitgefühl und mit der richtigen Einstellung für andere handelt. Es gibt selten Entscheidungen, bei denen es um Leben oder Tod geht. Letzten Endes geht es nur darum, eine Entscheidung zu treffen und dann das Beste daraus zu machen. Niemand kann wissen, was in einer Woche, einem Monat oder einem Jahr daraus werden wird.

Zu einer guten Entscheidung gehört also auch, auf das zu achten, was man sich wünscht. Gibt man seinen Bedürfnissen nach und befriedigt sie, wird man feststellen, dass ständig neue auftauchen. Es ist eine gute Übung, hin und wieder zu überprüfen, ob man noch Herr seines Verlangens und seiner Wünsche ist. Vielleicht versucht man, eine Zeit lang zu fasten oder keinen Alkohol, keinen Kaffee oder Ähnliches zu sich zu nehmen oder auf das Fernsehen zu verzichten. Das Ergebnis ist: Verzicht macht nicht unfrei, sondern frei. Unsere Wünsche dagegen engen uns ein und lenken vom Wesentlichen ab.

Ajahn Brahm bemüht sich, Druck vom Einzelnen zu nehmen. Er sagt: Die Welt ist nicht vollkommen, und der Mensch ist es auch nicht. Unvollkommenheit liegt in seiner Natur.

Ajahn Brahm ist krank und geht zu einem Arzt. Er wird gebeten, im Wartezimmer Platz zu nehmen. Einer der dort wartenden Patienten schaut von seiner Zeitschrift auf und erkennt Ajahn Brahm. Er ruft offensichtlich überrascht: »Sie sind krank? Ich hätte nie erwartet, ausgerechnet Sie hier zu sehen.« Dabei ist es normal, krank zu werden, auch für einen Mönch. Unser Körper ist nicht perfekt.

Er ist anfällig, wird krank, altert und stirbt. Schon im Moment der Geburt ist der Verfall unausweichlich. Makaber? Nicht für Buddhisten. Sie sehen mit nüchternem, realistischem Blick auf die Welt. Ungewöhnlich wäre es, nie krank zu werden und nicht zu altern.

Genauso ist es normal, von Zeit zu Zeit unglücklich zu sein. Wo Licht ist, ist auch Schatten, das eine existiert nicht ohne das andere. Es ist menschlich, Fehler zu machen. Unser Irrtum liegt nur darin, sich damit zu identifizieren. Dukkha, Leid, ist ein unvermeidlicher Bestandteil der menschlichen Existenz. Wer an sich und andere zu hohe Ansprüche stellt und sich an Idealen misst, kann nur scheitern und enttäuscht werden. Wir erwarten Dinge, die das Leben einfach nicht erfüllen kann, das liegt in unserer Natur. Die Lösung liegt in Annehmen und Abstand gleichermaßen. Man muss versuchen zu akzeptieren, was immer das Leben mit sich bringt, und sich weniger mit seinen Irrungen und Wirrungen zu identifizieren.

Vom Umgang mit schwierigen Zeitgenossen

Würde man eine Umfrage machen, wer mit schwierigen Menschen zu tun hat, das Ergebnis wäre wahrscheinlich eindeutig: jeder. Seien es Familienmitglieder, alte Freunde, neue Freunde, Kollegen oder Personen, denen man in der Schlange an der Supermarktkasse oder im Bus begegnet. Egal, ob man einsam auf dem Land oder mitten in einer Großstadt lebt, jeder hat Menschen um sich, mit denen er kleinere oder größere Probleme hat, die ihm sprichwörtlich auf die Nerven gehen. Sie begleiten einen für kurze Zeit oder auch für das ganze Leben. Man entgeht ihnen nicht. Ein Thema, das alle kennen und über das man gerne redet. Mit anderen, aber selten mit der Person, die es betrifft.

Ajahn Brahm gibt Tipps, wie man mit schwierigen Menschen im Leben umgehen kann, denn er kennt das Problem gut. Er trifft sogar überdurchschnittlich viele schwierige oder, wie er selbst sagt, verrückte Leute, weil diese oft den Rat der Mönche suchen. Dennoch hat er in langen Jahren gelernt, damit umzugehen, und teilt dieses Wissen gerne. Er erzählt von Ajahn Chah, der ihm dabei sehr geholfen habe – und allen voran von Ajahn Moskito!

Als junger Mönch in Wat Pah Pong hört Ajahn Brahm bald von Ajahn Moskito. »Ajahn« bedeutet Lehrer. Wie ist das gemeint? Was soll man von einem Insekt wie diesem schon lernen, einer der lästigsten Kreaturen auf der Erde? Ajahn Brahm weiß bald mehr. In den feuchten Wäldern Thailands sind sie überall, sie sirren und stören die Mönche bei der Meditation oder nachts im Schlaf und hinterlassen juckende Stiche. Gibt es etwas Unangenehmeres als Moskitos? Wohl kaum. Wie schön wäre es, wenn man sie einfach vom Erdboden tilgen könnte. Ziemlich ungewöhnliche Gedanken für einen Buddhisten, der das Leben schätzen und allen Lebewesen Glück und Freiheit wünschen soll.

Ajahn Chah kann den Ärger seiner Mönche verstehen, erklärt ihnen aber, dass das Problem mit den Moskitos ein universelles sei. Unangenehm, wie sie nun mal sind, seien sie ein Teil des Lebens und lebten nur ihrer Natur entsprechend. Man müsse lernen, sie zu akzeptieren und sich mit ihnen zu arrangieren. Heute sagt Ajahn Brahm, er habe von wenigen so viel gelernt wie von den Moskitos. Wahrhaftige Lehrer.

Dasselbe gilt für die schwierigen Menschen in unserem Leben: Sie sind da und werden es auch bleiben. Man kann Verständnis und eine mitfühlende Position entwickeln. Mancher Mensch, der uns auf die Nerven fällt, begegnet uns nur für eine begrenzte Zeit, vielleicht ein paar Minuten, vielleicht ein paar Stunden. Er dagegen muss vierundzwanzig Stunden am Tag und sieben Tage die Woche mit sich selber aushalten. Ajahn Chah lehrte seine Mönche, schwierige Personen als Segen anzusehen, als Gelegenheit, sich in Geduld, Empathie und Weisheit zu üben.

Diesen kleinen Dreh in der Perspektive empfiehlt auch Ajahn Brahm. Er rät, sich selber zu studieren. Wieso stört es einen so, dass jemand viel redet? Vielleicht redet man selber zu viel und stört dadurch andere? Wieso stört es, dass ein anderer immer zu viel isst? Vielleicht macht man es genauso. Alles, was wir an anderen sehen, finden wir in uns selbst. Die anderen sind nur ein Spiegel. Das mag verrückt klingen, aber Ajahn Brahm rät dazu, es auszuprobieren. Man ist für sich selbst die wichtigste Person im Leben. Wenn man es schafft, sich selbst kennen und lieben zu lernen, wird das ganze Leben leichter.

Bei allem Verständnis, das man aufbringen kann, kann man versuchen, schwierige Menschen zu beeinflussen. Es braucht Zeit, sie zu ändern, und es gelingt vielleicht nicht immer, aber es ist möglich. Egal, wie lästig oder unangenehm eine Person ist, kann man versuchen, auch nur den kleinsten positiven Punkt an ihr zu finden und diesen zu verstärken, zu hegen und zu pflegen. So wird die ewige Negativspirale aus Bewertung und Ärger unterbrochen und nach und nach umgewandelt.

Ajahn Brahm sagt, dass das, worauf man seine Aufmerksamkeit richtet, dadurch größer wird und an Wichtigkeit gewinnt. Kritik soll man ruhig formulieren. Um sie an den Mann zu bringen, empfiehlt er die »Sandwich-Methode«: Man sagt der Person etwas Freundliches, vielleicht wie sehr man schätzt, dass sie immer pünktlich ist. So schafft man eine positive Einleitung und vermeidet es, den anderen in eine defensive Haltung zu drängen. Dann baut man geschickt seinen Kritikpunkt ein und endet wieder mit Lob.

Vielleicht gelingt es mit der Zeit auch, Spaß an Schwierigkeiten zu finden und zu lernen, sie als Gelegenheit zu sehen. Das, was die Menschen an einem kritisieren, der seelische Ballast, den sie einem aufbürden, oder ihre nervtötenden Eigenschaften: Man kann es nutzen. Es abschütteln, daraus lernen und es für eine bessere Ausgangsposition nutzen. Letzten Endes geht es darum, aus der Opferrolle herauszutreten und Verantwortung für das eigene Leben zu übernehmen.

Ajahn Brahm kann von schwierigen Zeitgenossen ein Lied singen. Sein Kloster bietet Telefonseelsorge an, die er liebevoll »Dial a monk« nennt. Hier rufen immer wieder Leute an, die er kurzerhand als verrückt bezeichnet. Zum Beispiel der Anrufer aus Kanada, der seinen Hund verloren hatte und ihn bat, durchs Telefon buddhistische Chants zu singen. Was für eine Gelegenheit, Geduld und Nachsicht zu üben und über die Launen des Lebens zu lachen. Und sei es über einen Moskito.

Ausblick

Wenn die Reise des Lebens endlos wäre, wo läge ihr Ziel?
Die Antwort ist: Einfach überall.[18]

Rabindranath Tagore[19]

Am 7. August 2016 wird Ajahn Brahm fünfundsechzig Jahre alt. Ein Alter, in dem die meisten Menschen sich zur Ruhe setzen. Für heilige Männer gibt es aber kein Renteneintrittsalter. Im Gegenteil, mit zunehmendem Alter geht es erst richtig los. Ajahn Brahm kann schon heute auf eine lange Erfolgsgeschichte und ein außergewöhnliches Leben zurückblicken. Er lebte auf drei Kontinenten, lernte, lehrte und ist für viele Menschen auf der ganzen Welt eine inspirierende Figur geworden. Mit fünfundsechzig ist er noch lange nicht am Ende seines Schaffens angelangt. Seine Freunde, Leser und Anhänger sind gespannt, wohin es ihn noch ziehen wird und was als Nächstes von ihm zu erwarten ist. Die Geschichten werden ihm sicherlich nicht ausgehen. Ajahn Brahms Reise geht weiter.

Glossar

Anmerkung: Im Text verwenden wir meist die Sanskrit-Schreibweise der Wörter, da diese geläufiger als die Pali-Schreibweise ist.

Achtfacher Pfad: der Weg zur Überwindung des Leidens; die vierte der »Vier Edlen Wahrheiten«

Achtsamkeit: sich ständig, in jedem Augenblick seiner Gefühle, Gedanken und Handlungen bewusst sein; Achtsamkeit ist das 7. Glied des Achtfachen Pfads.

Anatta (pali): »Nicht-Selbst«, »Nicht-Ich«, auch »Unpersönlichkeit«; das Nichtvorhandensein eines dauerhaften und beständigen Selbsts.

Bedingtes Entstehen: grundlegendes Konzept im Buddhismus, das erklärt, wie es zu dem leidvollen Kreislauf aus Leben, Tod und Wiedergeburt kommt und wie er aufzulösen ist

Bhikkhu (pali): buddhistischer Mönch

Bhikkhuni (pali): buddhistische Nonne

Bodhi: Erwachen; Weg, um Nirvana zu erreichen, Ziel des Bodhisattva

Bodhisattva: Jemand, der Erlösung sucht, um danach anderen zu helfen, Erlösung zu finden; gemeint ist eine innere Einstellung.

Brahma: einer der Hauptgötter im Hinduismus

Buddha (sanskrit, »Erwachter«, auch »Erleuchteter«): Im Buddhismus bezeichnet man mit Buddha diejenigen, die Bodhi (wörtl. »Erwachen«, auch »Erleuchtung«) erfahren haben. Siddhartha Gautama wird als der historische Buddha bezeichnet.

Buddhismus: Lehrtradition und Religion mit insgesamt zwischen 350 und 500 Millionen Anhängern, deren Gründung auf Siddhartha Gautama zurückgeht

Dharma/Dhamma (pali): die Lehre Buddhas bzw. die durch Buddha erkannte Wahrheit

Dukkha (pali): »schwer zu ertragen«; die erste der »Vier Edlen Wahrheiten«; Dukkha gehört zu den drei Daseinsmerkmalen. Unser Begehren und die Unbeständigkeit der Dinge erzeugen einen Konflikt, der Leiden, Unzulänglichkeit, Elend, Kummer, Schmerz, Unbefriedigtsein zur Folge hat.

Erleuchtung (sanskrit: bodhi): das Ziel des spirituellen Entwicklungswegs des Buddhismus; Erlangung der absoluten Einsicht

Jhana (pali): meditative Zustände, die durch intensive Konzentration (samadhi) auf ein einzelnes geistiges oder körperliches Objekt erreicht werden können

Karma/Kamma (sanskrit, pali): Wirken, Tat; das Prinzip von Ursache und Wirkung

Lotus: im Buddhismus ein Symbol für das Wirken der Lehre Buddhas – der Lotus hat seine Wurzeln im Schlamm, wächst bis zur Wasseroberfläche hinauf und bildet hier eine makellose Blüte

Mae Chi: praktizierende buddhistische Frauen in Thailand. Sie werden auch als Nonnen und Schwestern bezeichnet, führen ein Leben im Kloster, sind aber weder Laien, Bhikkhuni oder Novizinnen

Meditation: geistige Übungen, die zu Klarheit, Erkenntnis und Einsicht führen sollen. Bekannte Meditationsformen im Buddhismus sind: Vipassana-Meditation (Einsichts- oder Achtsamkeitsmeditation), Samatha-Meditation (Geistesruhe) und Metta-Meditation (Streben nach bedingungsloser liebender Güte).

Metta (pali): bedingungslose, liebende Güte

Mittlerer Weg: das Prinzip der Vermeidung von Extremen

Nirvana/Nibbana (sanskrit, pali): »das Erlöschen«; das angestrebte Ziel im Buddhismus – Samsara, der Kreislauf des Leidens, wird überwunden; Gier, Hass und Verblendung erlöschen.

Pali: mittelindische Sprache, die aus dem Vedischen hervorgegangen ist.; wahrscheinlich war Pali eine reine Literatursprache.

Pali-Kanon: auch Dreikorb, die wahrscheinlich älteste Aufzeichnung der Lehre Buddhas; Grundlage des Theravada. Der Pali-Kanon wurde im 1. Jahrhundert v. Chr. in Pali verfasst. Er umfasst drei Teile (»Körbe«): Korb der Ordensregeln (Vinaya), Korb der Lehrreden Buddhas (Sutta) und Korb der Lehrreden (Dhamma).

Punabbhava (pali): Wiederdasein, Wiedergeburt, Reinkarnation

Reinkarnation: Im Buddhismus wird darunter keine Seelenwanderung verstanden, denn der Buddhismus verneint die Existenz eines permanenten und unveränderlichen Wesenskerns oder einer Seele. Der Buddhismus geht davon aus, dass weder die »selbe« Person noch eine »gänzlich verschiedene« Person »wiedergeboren« wird.

Retreat (englisch): Rückzug; eine meist mehrtägige spirituelle Praxis

Samadhi (sanskrit): Fixieren, Festmachen; meditativer Zustand der Vertiefung. Der Geist ist auf ein einziges Objekt gerichtet. Die bei der Meditation angestrebten Versenkungszustände werden als Jhanas bezeichnet.

Samsara (sanskrit): beständiges Wandern; Bezeichnung für den ewigen Kreislauf von Leben, Tod und Wiedergeburt. Samsara bezeichnet einen Geisteszustand, der geprägt von mangelnder Einsicht in die wahre Natur der Dinge ist und dadurch das Leben als leidvoll erscheinen lässt. Ziel der buddhistischen Praxis sind das Loslassen und Überwinden von allen Bindungen, Begierden und falschen Vorstellungen. Dadurch unterbricht man Samsara und erreicht Nirvana.

Sangha (sanskrit): Versammlung, Gemeinschaft; ursprünglich die Bezeichnung für buddhistische Ordensangehörige: Mönche und Nonnen; manchmal auch allgemeine Bezeichnung für Buddhismus-Praktizierende.

Siddhartha Gautama (vermutlich 563 v. Chr. – 483 v. Chr.): Er lehrte als Erwachter, als Buddha den Dharma und ist damit der Begründer des Buddhismus.

Silas: die Tugendregeln, die ethischen Übungsregeln des Buddhismus: nicht töten, nicht stehlen, nicht lügen, kein sexuelles Fehlverhalten, den Geist nicht trüben. Auch: nicht zu verbotenen Zeiten essen, nicht auf weichen Betten schlafen und keine geistige Ablenkung (Musik etc.).

Skandhas: Anhäufung; die fünf Skandhas sind: Körper, Gefühle, Wahrnehmung, Geistesformationen und Bewusstsein. Alle Daseinserscheinungen können anhand dieser fünf Gruppen untersucht und beschrieben werden. In keiner dieser fünf Gruppen existiert etwas, das man als ein für sich unabhängiges, unveränderliches Ich oder ewige Seele bezeichnen kann.

Stupa: Denkmal, das ein Symbol für den Buddha und den Buddhismus ist. Meist besteht ein Stupa aus einer quadratischen Plattform als Basis, einem Kuppelgewölbe und einer Spitze. Oft werden in einem Stupa Reliquien von Buddha oder buddhistischen Meistern aufbewahrt.

Sutra/Sutta (sanskrit/pali): Bezeichnung für eine Lehrrede Buddhas. In den ersten Jahrhunderten des Buddhismus wurden Sutras von Schülern mündlich verbreitet. Erst später wurden sie schriftlich aufgezeichnet.

Thailändische Waldtradition: Form des Theravada in Thailand, die maßgeblich von Ajahn Chah (1918–1992) und dessen Lehrer Ajahn Mun Bhuridatta (1870–1949) geprägt wurde

Theravada (pali): Schule der Ältesten; die älteste ausgeübte Lehrtradition des Buddhismus. Grundlage bildet der in Pali verfasste Pali-Kanon, die älteste Sammlung buddhistischen Schriftguts. Der Theravada ist heute vor allem in Sri Lanka, Myanmar, Thailand, Kambodscha und Laos verbreitet.

Vassa: traditionelle, etwa dreimonatige Rückzugszeit (Rain Retreat) der buddhistischen Mönche während der Regenzeit

Vesakh: einer der bekanntesten buddhistische Feiertage. Am Vollmondtag des vierten Monats wird eine Puja gefeiert. Man gedenkt der Geburt, der Erleuchtung und des vollkommenen Verlöschens des historischen Buddha. Ursprünglich aus der Tradition des Theravada-Buddhismus.

Vier Edle Wahrheiten: Grundlage von Buddhas Lehre; Gegenstand seiner ersten Lehrrede

Vinaya (pali): Ordensregeln für buddhistische Mönche und Nonnen

Vipassana (pali): Meditationstechnik zur Einübung und Entwicklung von Achtsamkeit und Einsicht

Wat: thailändische Bezeichnung für eine buddhistische Tempelanlage

Zuflucht: Durch die Zufluchtnahme zu den »Drei Juwelen« (Buddha, Dharma, Sangha) erklärt man sich zum Buddhisten. Die Zufluchtnahme erfolgt meist im Rahmen einer Zeremonie und ist verknüpft mit der Annahme der Silas, der Tugendregeln.

Endnoten

1. Ajahn: thailändisch für Lehrer. Ein Titel, der neben Schullehrern und Professoren an buddhistische Mönche verliehen wird, die zehn Jahre im Kloster verbracht haben.
2. Siehe auch »Wiedergeburt«, »Erleuchtung«, »Achtfacher Pfad«.
3. Quelle: Victor Bockris: Keith Richards: *The biography.* Da Capo Press, 2003, S. 138.
4. Quelle: http://vedanta-yoga.de/beatles-in-rishikesh-indien (Stand 09.04.2016)
5. Quelle: http://www.palikanon.com/khuddaka/jataka/j000.htm#B1.1_ (Stand 15.04.2016)
6. Quelle: Ajahn Brahm: Changing our attitudes towards who we think we are, https://www.youtube.com/watch?v=u1ldT6MBEP8 (Stand 12.04.2016)
7. Quelle: Ajahn Brahm: The Middle Way, https://www.youtube.com/watch?v=ZS3QRq7hnfM (Stand 12.04.2016)
8. In Thailand die übliche Bezeichnung für weiße Ausländer.
9. »Es gibt kein Wenn für die Vergangenheit. Die Vergangenheit ist un-wennbar.« Quelle: Ajahn Brahm: Changing our attitudes to who we think we are, https://www.youtube.com/watch?v=u1ldT6MBEP8 (Stand: 12.04.2016)
10. »Wenn Sie nicht zufrieden sind, bekommen Sie Ihr Geld zurück.« Quelle: http://www.ajahnbrahmforsale.com (Stand: 03.02.2016)
11. »Sie bekommen keinen Pfennig zurück, aber fragen dürfen Sie gerne. Ha, ha, ha.« Quelle: http://www.ajahnbrahmforsale.com (Stand: 03.02.2016)
12. Quelle: (Übersetzt aus dem Englischen) http://www.dhammatalks.net/Books11/Ajahn_Brahm-Dealing_with_Difficult_People.pdf (Stand 21.02.16)
13. Quelle: http://www.dhammaloka.org.au (Stand 12.04.16)
14. Quelle: https://www.youtube.com/user/BuddhistSocietyWA (Stand 12.04.16)
15. Quelle: Ajahn Brahm: Why are we here? Why were we born? http://media.bswa.org/mp3/Brahmavamso_2015_01_09.mp3 (Stand 12.04.2016)
16. Royal Grade Monk – Adelstitel.
17. Quelle: Arthur Schopenhauer: *Sämtliche Werke in fünf Bänden: Band IV und V: Parerga und Paralipomena. Aphorismen zur Lebensweisheit.* Suhrkamp, Frankfurt 1986
18. Quelle: Rabindranath Tagore, *Thought Relics*, Wilder Publications, 2008
19. *07.05.1861 – †07.08.1941, bengalischer Dichter und 1913 erster asiatischer Nobelpreisträger für Literatur.

Quellenverzeichnis

Collen Egan: Mind over matter. West Weekend (7-8/2013) http://www.wa.buddhistcouncil.org.au/home/wp-content/uploads/2013/12/Ajahn-Brahm-article.pdf (Stand 12.04.16)

Derwentwater Primary School http://www.derwentwaterschool.com/public/derwentwater941.html.nc (Stand 12.04.16)

The Buddhist Society of Western Australia: Emptiness and stillness. A tribute to Ajahn Brahmavamso on the occasion of his 60th birthday. (2011)

Abuddhistlibrary.com http://www.abuddhistlibrary.com/Buddhism/B%20-%20Theravada/Teachers/Ajahn%20 Brahmavamso/Enlightenment/forest%20SANGHA%20-%20Venerable%20Ajahn%20 Brahmavamso%20-%20Enlightenment.htm (Stand 12.04.16)

Ajahn Brahm: Die Kuh, die weinte. Buddhistische Geschichten über den Weg zum Glück. Lotos (2010).

Ajahn Brahm: Der Elefant, der das Glück vergaß. Buddhistische Geschichten, um in jedem Moment Freude zu finden. Lotos (2015).

Ajahn Brahm: F is for forgiveness (2011) https://www.youtube.com/watch?v=pMWLk4NR3RI (Stand 12.04.2016)

Ajahn Brahm: Living meanfully, dying joyfully http://www.dhammaloka.org.au/articles/item/1190-living-meaningfully-dying-joyfully.html (Stand 03.01.16)

Ajahn Brahm: When to attach and when to let go? (2015) http://media.bswa.org/mp3/Brahmavamso_2015_05_15.mp3 (Stand 12.04.2016)

Latymer Upper School http://www.latymer-upper.org (Stand 12.12.2015)

Focus Migration http://focus-migration.hwwi.de/Vereinigtes-Koenigre.2708.0.html (Stand 03.01.2016)

Spiegel.de, Philippe Joubert: Djokovic-Triumph in Australien. Viel zu gut http://www.spiegel.de/sport/sonst/tennis-novak-djokovic-hat-keine-gegner-mehr-a-1074938.html (01.03.2016)

Life Moments with Ajahn Brahmavamso
https://www.youtube.com/watch?v=KD2rrNVywOc (Stand 06.02.2016)

Goodreads
http://www.goodreads.com/book/show/918951.Buddhism (Stand 28.11.2015)

Korea TV: About Ajahn Brahm (2013)
https://www.youtube.com/watch?v=e__o5gfdGpg (Stand 04.02.2016)

Ajahn Brahm: Why are we here? Why are we born? (2015)
https://www.youtube.com/watch?v=-RrCjzi74BA (Stand 12.04.2016)

Ajahn Brahm: Grief, Loss, and Celebrating a Life (2010)
http://www.stillwatermpc.org/dharma/dh20100715.htm (Stand 03.01.2016)

Pali-Kanon
http://www.palikanon.com/diverses/max_ladn2/lehrebuddhas4.htm (Stand 22.02.2016)

Wikipedia
https://de.wikipedia.org/wiki/University_of_Cambridge (Stand 12.04.2016)

Ajahn Brahm: The Middle Way (2010)
https://www.youtube.com/watch?v=ZS3QRq7hnfM (Stand 12.04.2016)

Ajahn Brahm: Buddhism – the only real science (2004)
http://www.dhammatalks.net/Books/Ajahn_Brahm_Buddhism_The_Only_Real_Science.htm (Stand 08.02.2004)

Tagesschau
https://www.tagesschau.de/jahresrueckblick/meldung353538.html (Stand 11.12.2015)

Vedanta-Yoga.de
http://vedanta-yoga.de/beatles-in-rishikesh-indien (Stand 09.04.2016)

Planet-wissen.de, Kerstin Hilt: Beatles
http://www.planet-wissen.de/kultur/musik/die_beatles/pwwbdiebeatles100.html (Stand 13.01.2016)

Yoga-aktuell.de, Nina Haisken: Die Beatles in Indien
http://www.yoga-aktuell.de/ck17-yoga-main/ck37-portraits/die-beatles-in-indien (Stand 13.01.2016)

A Buddhist Library
Abuddhistlibrary.com, Ajahn Brahm: Becoming Enlightened
http://www.abuddhistlibrary.com/Buddhism/B%20-%20Theravada/Teachers/Ajahn%20Brahmavamso/Enlightenment/forest%20SANGHA%20-%20Venerable%20Ajahn%20Brahmavamso%20-%20Enlightenment.htm (Stand 24.02.2016)

Prof. Bernard Carr: Ajahn Brahm at Cambridge (2015)
http://dhammaloka.org.au/home/item/2042-ajahn-brahm-at-cambridge-prof-bernard-carr.html (Stand 13.01.2016)

Pali-Kanon
http://www.palikanon.com/wtb/dhamma.html (Stand 03.01.2016)

Buddhapadipa.org, Ubasika Edna Lak: Abidhamma
http://www.buddhapadipa.org/buddhism/abhidhamma (Stand 22.01.2016)

Buddhist Society of Western Australia
http://www.dhammaloka.org.au (Stand 03.01.2016)

Reinhart Hummel: Hinduismus und Buddhismus. Christen begegnen den Religionen Asiens, EZW-Information Nr. 115, EZW, Stuttgart (1991) (pdf-Datei, Quelle: www.ezw-berlin.de)

Buddhismus Deutschland
http://www.buddhismus-deutschland.de/glossar (Stand 04.02.2016)

Ajahn Brahm
http://www.ajahnbrahm.org (Stand 12.04.2016)

Soziologie.de, Nina Baur: Mönche und Alltagsmenschen. Grenzziehungspraktiken zwischen Heiligen und Profanen im Buddhismus (2013)
http://soziologie.de/blog/2013/03/monche-und-alltagsmenschen-grenzziehungspraktiken-zwischen-heiligen-und-profanen-im-buddhismus/ (Stand 05.01.2016)

Buddhistische Ordensgemeinschaft
http://buddhistische-ordensgemeinschaft.de/FAQ-buddhistische-Moenche-Nonnen.htm (Stand 13.12.2015)

Wikipedia
https://de.wikipedia.org/wiki/Mönchtum (Stand 05.01.2016)

Wikipedia
https://de.wikipedia.org/wiki/Buddhismus (Stand 12.01.2016)

Ven. Bhante Mettavihari: Samatha – Reintroducing a Lankan meditation tradition
http://www.sundaytimes.lk/131117/plus/samatha-reintroducing-a-lankan-meditation-tradition-73217.html (Stand 02.03.2016)

The Samatha Centre
http://www.samatha.org/what-we-offer (Stand 12.12.2015)

How Stuff Works: Science
http://science.howstuffworks.com/dictionary/famous-scientists/physicists/brian-david-josephson-info.htm (Stand 03.01.2016)

Ajahn Brahm: Speaking from the heart without fear (2014)
http://media.bswa.org/mp3/Brahmavamso_2014_05_16.mp3 (Stand 12.04.2016)

Ahan Brahm: Motivation (2011)
https://www.youtube.com/watch?v=90afts4S6aw (Stand 12.04.2016)

Ajahn Brahm: Living meanfully, dying joyfully
http://www.dhammaloka.org.au/articles/item/1190-living-meaningfully-dying-joyfully.html (Stand 03.01.2016)

Buddhismus-deutschland.de, Dr. Andrea Liebers: Lotospflanzen – ein wichtiges Symbol im Buddhismus
http://www.buddhismus-deutschland.de/lotos (Stand 20.02.2016)

Thoth Adan: Die Kraft der Symbole
http://www.thoth-adan.com/de/begriffserklaerung/items/lotus.html (Stand 20.02.2016)

Ajahn Brahm: Changing our attitudes towards who think we are (2015)
https://www.youtube.com/watch?v=u1ldT6MBEP8 (Stand 26.04.2016)

Tempel Buddhapadipa in London
http://www.buddhapadipa.org/temple (Stand 13.12.2015)
http://www.buddhapadipa.org/buddhism/buddhism-for-beginners/the-middle-way (Stand 16.02.2016)
https://de.wikipedia.org/wiki/Novak_Đoković (Stand 20.01.2016)

View on Buddhism
http://viewonbuddhism.org/sangha_monks_nuns.html (Stand 04.01.2016)

Wikipedia
https://de.wikipedia.org/wiki/Stupa (Stand 26.01.16)

Wikipedia
https://de.wikipedia.org/wiki/Wat (Stand 26.01.2016)

Buddhistische-ordensgemeinschaft.de, Sucinta Bhikkhuni: Die Robe für buddhistische Mönche und Nonnen in der Theravada Tradition
http://buddhistische-ordensgemeinschaft.de/Roben_Theravada-buddhistische-Moenche-Nonnen.htm (Stand 04.01.2016)

Buddhistisches Kloster Freising
http://www.bodhi-vihara.org/kloster/vinaya (Stand 04.01.2016)

Buddhabuddha.info
http://www.buddhabuddha.info/2009/02/12 (Stand 12.04.2016)

Wat Nong Pah Pong
http://www.watnongpahpong.org/indexe.php (Stand 13.12.2015)

Ajahn Brahm: Meditation. The Heart of Buddhism (2000)
http://www.dhammatalks.net/Books3/Ajahn_Brahm_Meditation_the_Heart_of_Buddhism.pdf(Stand 23.02.2016)

Wat Nong Pah Pong
http://www.watnongpahpong.org/aboutajahnchah.php (Stand 13.12.2015)

Ajahn Chah: A Still Forest Pool
http://www.dhammatalks.net/Books2/Ajahn_Chah_A_Still_Forest_Pool.htm#Questions%20for%20the%20Teacher (Stand 20.02.2016)

Amaravati Publications: Seeing the way (1989)
http://www.palikanon.com/diverses/ajahn_chah/ajahn_chah.htm (Stand 05.01.2016)

Forest Sangha. International monasteries in the Theravada Buddhist Tradition of Ajahn Chah
https://forestsangha.org/ajahn-chah/biography (Stand 05.01.2016)

Zenmoments. The Great Power of Small Things
http://zenmoments.org/ajahn-chah-wisdom-happiness (Stand 05.01.2016)

Buddhistisches Kloster Freising
http://www.bodhi-vihara.org/kloster/vinaya (Stand 05.01.2016)

Dhammasara Nonnenkloster
http://cms.dhammasara.org.au/about (Stand 02.01.2016)

Ajahn Brahm: Meditation. Kraft und Klarheit für den Geist. Praxisbuch. Lotos (2012). ISBN 978-3-7787-8233-0

Dhammatai.org, Theravada Buddhism Information
http://www.dhammathai.org/e/meditation/page18.php (Stand 13.12.2015)

Ajahn Brahm: What the Buddha said on eating meat. Newsletter BSWA, April-Juni 1990
http://www.budsas.org/ebud/ebsut034.htm (Stand 12.04.2016)

Wat Pah Nanachat
http://www.watpahnanachat.org/index.php (Stand 06.01.2016)

Bhikkhu Nanadassana: Bhikkhu-Patimokkha. Das Hauptregelwerk der buddhistischen Mönche (2008)
http://www.palikanon.com/vinaya/patimokkha/patimokkha.pdf (Stand 12.04.2016)

Wikipedia
https://de.wikipedia.org/wiki/Buddhistische_Ordensregeln (Stand 15.12.2015)

Thea Mohr: Buddhismus im Gespräch mit den Naturwissenschaften
https://www.buddhismuskunde.uni-hamburg.de/pdf/4-publikationen/buddhismus-in-geschichte-und-gegenwart/bd11-k07mohr.pdf (Stand 02.03.2016)

Ajahn Brahm: Buddhism – the only real science
http://www.dhammatalks.net/Books/Ajahn_Brahm_Buddhism_The_Only_Real_Science.htm (Stand 26.02.2016)

Wat Pah Nanachat
http://www.watpahnanachat.org/8-precepts.php (Stand 20.01.2016)

Ajahn Brahm: Four ways of letting go (2010)
https://www.youtube.com/watch?v=USC5MJVZLy8 (Stand 01.03.2016)

Ajahn Brahm: Is everything interconnected? (2015)
https://www.youtube.com/watch?v=cbhLYRTbY3s (Stand 02.03.2016)

Ajahn Brahm: Jeder Lotos hat ein schönes Herz. Eine praktische Anleitung zur Meditation. Heyne (2015). ISBN: 978-3-453-70291-2

Ajahn Brahm: Anatta (Non-self) (2005)

Dhamma Talks for attaining Peace from Knowing and Seeing a Handful Leaves
http://www.dhammatalks.net/Books3/Ajahn_Brahm_ANATTA.htm (Stand 07.01.2016)

Horizonworld. Bewusst leben und denken
http://www.horizonworld.de/ajahn-brahm-interview-mit-einem-buddhistischen-moench (Stand 12.04.2016)

Ajahn Brahm: A cup of tea
http://seedsofwisdom.tumblr.com/post/79635126036/life-as-a-very-junior-monk-in-thailand-seemed-so (Stand 09.01.2016)

Ajahn Brahm: No fear (2011)
https://www.youtube.com/watch?v=uIMWm5JnNrE (Stand 12.04.2016)

Wikipedia
https://de.wikipedia.org/wiki/Zeitwahrnehmung (Stand 12.03.2016)

Ajahn Brahm: Kamma without belief (2012)
https://www.youtube.com/watch?v=gJTCZ1izujg (Stand 12.04.2016)

Hermit Scriptures: What does Tudong mean?
http://escrituras-eremitas.com/english/2014/12/23/what-does-tudong-mean (Stand 10.01.2016)

Ajahn Brahm: Dealing with difficult people (2010)
https://www.youtube.com/watch?v=zSQI1e8D3Qo (Stand 12.04.2016)

Ajahn Brahm: Ups and downs in life (2006)
http://www.dhammatalks.net/Books4/Ajahn_Brahm_Ups_and_Downs_in_Life.pdf (Stand 26.02.2016)

Wdr.de: 12. März 2001 – Zerstörung der Buddha-Statuen von Bamiyan
http://www1.wdr.de/themen/archiv/stichtag/stichtag5200.html (Stand 30.01.2016)

Michael den Hoet: Nachruf auf die Buddhas von Bamiyan
http://www.buddhismus-heute.de/archive.issue__33.position__17.de.html (Stand 30.01.2016)

Nissara Horanyangura: The man behind the mission, Bangkok Post, 29.10.2006
http://www.buddhistchannel.tv/index.php?id=9,3353,0,0,1,0#.VqzGRDbhAxE (Stand 30.01.2016)

Nissara Horanyangura: The path to bliss and wisdom, Bangkok Post, 24.02.2008
http://www.dhammatalks.net/Books8/Ajahn_Brahm-The_Path_to_Bliss_and_Wisdom.pdf (Stand 30.01.2016)

Australian Buddhist History. Uniting Australia in Buddhism
http://www.australianbuddhisthistory.com/index.php/Bodhinyana_Monastery (Stand 09.01.2016)

Sunday Times, Samantha Wettimuny: Sharing the Dhamma in his own unique style (2007)
http://www.sundaytimes.lk/070121/Plus/012_pls.html (Stand 09.01.2016)

Forest Sangha Newsletter
http://www.fsnewsletter.amaravati.org/html/34/change.htm (Stand 18.01.2016)

Bodhinyana Monastery
http://cms.bodhinyana.org.au/the-monks (Stand 18.01.2016)

Sunday Times, D. C. Ranatunga: Meeting Ajahn Brahm in a relaxed mood (2007)
http://www.sundaytimes.lk/071209/Plus/plus0008.html (Stand 03.02.2016)

Abc.net, Australian Broadcasting Corporation
http://www.abc.net.au/radionational/programs/spiritofthings/a-forest-monk-and-a-zen-roshi/3531236#transcript (Stand 12.04.2016)

Dhammasara Nonnenkloster
http://cms.dhammasara.org.au/about (Stand 03.02.2016)

Buddhist Society of Western Australia. Dhammaloka Centre
http://www.dhammaloka.org.au/home/item/1439-ajahn-brahm-is-for-sale.html (Stand 03.02.16)

Daily FT
http://www.ft.lk/article/156933/-Ajahn-Brahm-for-Sale (Stand 03.02.2016)

Dhamma Wheel. A Buddhist discussion forum on the Dhamma of the Theravada
http://www.dhammawheel.com/viewtopic.php?f=13&t=16465 (Stand 03.02.2016)

Ajahn Brahm for Sale
http://www.ajahnbrahmforsale.com (Stand 03.02.2016)

Universität Hamburg: Lecture2go, Ajahn Brahm über Buddhismus im 21. Jahrhundert
https://lecture2go.uni-hamburg.de/veranstaltungen/-/v/16834;jsessionid=6670CE470242424A6D0F59AA94F4E8E9 (Stand 06.02.2016)

Planet-wissen.de, Bettina Wiegand: Kernaussagen des Buddhismus
http://www.planet-wissen.de/kultur/religion/buddhismus/pwiekernaussagendesbuddhismus100.html (Stand 31.01.2016)

Buddhist Society of Western Australia. Dhammaloka Centre
http://www.dhammaloka.org.au/articles/item/577-what-is-buddhism?.html (Stand 31.01.2016)

Buddhistischer Dachverband Diamantweg e.V.
http://diamantweg-buddhismus.de/buddhismus/was-ist-buddhismus/ (Stand 31.01.2016)

Pali-Kanon
http://www.palikanon.com/khuddaka/jataka/j000.htm#B1.1_ (Stand 15.04.2016)

Deutschlandradiokultur.de, Kirsten Dietrich: Auf dem Sprung zur Mehrheit? Konfessionslose in Deutschland
http://www.deutschlandradiokultur.de/auf-dem-sprung-zur-mehrheit.1278.de.html?dram:article_id=265001 (Stand 29.01.2016)

Evangelische Kirche in Deutschland
https://www.ekd.de/EKD-Texte/92117.html (Stand 29.01.2016)

DIMMID. Dialogue Interreligieux Monastique – Monastic Interreligious Dialogue
http://www.dimmid.org/index.asp?Type=B_BASIC&SEC=%7B2E5396A2-461F-4E3C-A97F-F8BE743EEAA3%7D (Stand 30.01.2016)

Retreat Center Jhana Grove
http://cms.jhanagrove.org.au/about (Stand 25.01.2016)

Wikipedia
https://en.wikipedia.org/wiki/Geoff_Gallop (Stand 25.01.2016)

Facebook: Bodhinyana Singapore
https://www.facebook.com/BodhinyanaSingapore/videos/vb.860933287262790/1010960422260075/?type=2&theater (Stand 01.03.2016)

Thai Visa Forum
http://www.thaivisa.com/forum/topic/312995-ajahn-brahm-sanctioned-monastery-loses-wat-nong-pa-pong-branch-status (Stand 26.01.2016)

Wikipedia
https://de.wikipedia.org/wiki/Buddhismus_in_Thailand#Frauen_im_thail.C3.A4ndischen_Buddhismus (Stand 26.01.2016)

Petra Kiefer-Pülz: Die Wiedereinrichtung des Nonnenordens in der Theravada-Tradition
https://www.buddhismuskunde.uni-hamburg.de/pdf/4-publikationen/buddhismus-in-geschichte-und-gegenwart/bd11-k03kiefferpuelz.pdf (Stand 26.01.2016)

Wikipedia
https://de.wikipedia.org/wiki/Nonne (Stand 25.01.2016)

Federation of Australian Buddhist Councils
http://www.buddhistcouncil.org.au/fed/home/index.php?option=com_content&view=article&id=147:australian-paper-on-gender-equality-blocked-at-un-day-of-vesak-in-vietnam&catid=41:buddhist-community&Itemid=86 (Stand 26.01.2016)

Wikipedia
https://de.wikipedia.org/wiki/Somdet_Phra_Nyanasamvara_Suvaddhana (Stand 26.01.2016)

Alliance for Bhikkhunis
http://www.bhikkhuni.net/wp-content/uploads/2013/08/Open-Letter-From-Ajahn-Brahm-on-Exclusion-by-Wat-Pah-Pong.pdf (Stand 26.01.2016)

The Buddhist Channel: Bringing Buddha Dharma Home
http://www.buddhistchannel.tv/index.php?id=70,8660,0,0,1,0#.VqzlnVPhBjs (Stand 24.01.2016)

Dhammadharini: Women Upholding the Dhamma
http://www.dhammadharini.net/home/ajahn-brahm-benefits-bay-area-feb-2015 (Stand 06.02.2016)

Ajahn Brahm: Changing our attitude to who we think we are (2015)
http://media.bswa.org/mp3/Brahmavamso_2015_07_17.mp3

John Curtin University
http://johncurtin.curtin.edu.au/medallists/ajahn_brahmavamso.cfm (Stand 20.02.2016)

9th Global Conference on Buddhism 2015
http://www.9gcb.org (Stand 20.02.2016)

World Meditation Congress 2016
http://www.worldmeditation.or.kr/index_eng-.php (Stand 20.02.2016)

Ajahn Brahm: Four Ways of Letting Go (2010)
https://www.youtube.com/watch?v=USC5MJVZLy8 (Stand 01.03.2016)

Ajahn Brahm: Does life suck? (2009)
http://media.bswa.org/mp3/Brahmavamso_2009_05_01.mp3 (Stand 20.02.2016)

Beforeweforget.org, Ajahn Brahm: Through the eyes of a Buddhist Monk
http://beforeweforget.org/your-stories/2011/09/ajahn-brahm (Stand 09.02.2016)

Ajahn Brahm: Motivation (2011)
http://media.bswa.org/mp3/Brahmavamso_2011_07_08.mp3

Deutschlandradiokultur.de, Matthias Eckoldt: Was ist Bewusstsein? Gespräche über Hirnforschung und die Grenzen der Erkenntnis
http://www.deutschlandradiokultur.de/wissenschaft-was-ist-bewusstsein.976.de.html?dram:article_id=294702 (Stand 09.02.2016)

Focus.de
http://www.focus.de/familie/wissenstest/philosophie-kant/was-ist-der-mensch-anthropologie_id_1751830.html (Stand 28.02.2016)

Abhidhamma.de
http://www.abhidhamma.de/txt_Bewusstsein_aus_buddhistischer_Sicht.pdf (Stand 09.02.2016)

Diamantweg Stiftung. Buddhismus in seiner Ganzheit
http://buddhismus-schule.de/inhalte/wirklichkeit.html (Stand 01.03.2016)

Sueddeutsche.de, Christian Weber: Meditation und Hirnforschung – Zähneputzen für das Gehirn (2010)
http://www.sueddeutsche.de/wissen/meditation-und-hirnforschung-zaehneputzen-fuer-das-gehirn-1.1030100 (Stand 12.02.2016)

Zeit.de, Alina Schadwinkel: Mit Achtsamkeit gegen Depressionen (2015)
http://www.zeit.de/wissen/gesundheit/2015-04/depression-antidepressiva-therapie (Stand 12.02.2016)

Spiegel.de, Jörg Blech: Meditation – die lernende Seele (2013)
http://www.spiegel.de/spiegelwissen/meditieren-als-mittel-gegen-stress-angststoerungen-depressionen-a-937314.html (Stand 12.02.2016)

Theatlantic.com, Kathy Gilsinan: The Buddhist and the Neuroscientist. What compassion does to the brain
http://www.theatlantic.com/health/archive/2015/07/dalai-lama-neuroscience-compassion/397706 (Stand 13.02.2016)

Sueddeutsche.de, Ulrich Kraft: Mönche in der Magnetröhre
http://www.sueddeutsche.de/wissen/neuro-experiment-moenche-in-der-magnetroehre-1.912829 (Stand 13.02.2016)

Buddha Dharma Education Association: The Teachings of Ajahn Chah. A collection of Dhamma Talks (2004)
http://www.buddhanet.net/pdf_file/teachings_chah.pdf (Stand 20.02.2016)

Ursache.at, Paul Klöppler: Alles Loslassen Ajahn Brahm im Interview
http://www.ursache.at/spiritualitaet/persoenlichkeiten/228-alles-loslassen (Stand 09.10.2015)

Spiegel.de, Tobias Schormann: Achtsamkeit – Entspannen im Hier und Jetzt
http://www.spiegel.de/gesundheit/psychologie/achtsamkeit-was-ist-das-a-1046882.html (Stand 28.02.2016)

Brahmstalks.wordpress.com, Jacob Meddin: How to Meditate – Concise for Skilful Meditation
https://brahmstalks.wordpress.com/how-to-meditate (Stand 14.02.2016)

Ajahn Brahm: The Basic Method of Meditation (2005)
http://www.dhammaloka.org.au/files/pdf/Ajahn%20Brahm%20-%20The%20Basic%20Method%20of%20Meditation.pdf (Stand 12.04.2016)

Wikipedia
https://de.wikipedia.org/wiki/Hemisphärenmodell (Stand 21.02.2016)

Ted.com, Jill Bolte Taylor: Jill Bolte Taylors kraftvoller Schlag der Erkenntnis (Februar 2008)
https://www.ted.com/talks/jill_bolte_taylor_s_powerful_stroke_of_insight?language=de#t-246979 (Stand 21.02.2016)

Zeit.de, Tobias Hürter: Persönlichkeit: Ich bin zwei (2013)
http://www.zeit.de/2013/25/gehirn-haelften-doppelnatur (Stand 21.02.2016)

Ajahn Brahm: The Jhanas
http://www.dhammatalks.net/Books/Ajahn_Brahm_The_Jhanas.htm#PART_TWO (Stand 12.03.2016)

Ajahn Brahm: The Jhanas
http://www.greatwesternvehicle.org/thejhanas.pdf (Stand 18.02.2016)

Hans Gruber: Die Achtsamkeits- bzw. Einsichtspraxis Vipassanâ, eine Kernmeditation und -tradition
https://www.buddhismuskunde.uni-hamburg.de/pdf/4-publikationen/buddhismus-in-geschichte-und-gegenwart/bd7-k13gruber.pdf (Stand 20.02.2016)

Wikipedia
https://en.wikipedia.org/wiki/Five_hindrances#Ill_will_.28vyapada.29 (Stand 17.02.2016)

Wdr.de
http://www1.wdr.de/themen/kultur/religion/buddhismus/brueck100.html (Stand 19.02.2016)

Michael von Brück: Der Buddhismus im Westen – Eine Lehre für viele Kulturen
http://www.geo.de/GEO/allgemeine-themen/download-der-textessay-buddhismus-im-westen-als-pdf-datei-53561.html (Stand 19.02.2016)

Hr-online.de, Klaus Hofmeister: Faszination Buddhismus (2014)
http://www.hr-online.de/website/radio/hr1/index.jsp?rubrik=67247&key=standard_document_51100407 (Stand 19.02.2016)

Viehweger.org
http://viehweger.org/deutsch/gedanken/maslow.htm (Stand 07.02.2016)

Ajahn Brahm: Decisions, decisions, decisions (2008)
http://www.dhammatalks.net/Books10/Ajahn_Brahmavamso_Decisions-Decisions-Decisions.pdf (Stand 27.02.2016)

Ajahn Brahm: Dealing with difficult people (2008)
http://www.dhammatalks.net/Books11/Ajahn_Brahm-Dealing_with_Difficult_People.pdf (Stand 21.02.2016)

Ajahn Brahm: Dealing with difficult people (2015)
https://www.youtube.com/watch?v=ZvNiUIpcTTg (Stand 21.02.2016)